段永平
步步为「赢」

许洪焱
杨金利 ◎著

SPM 南方传媒 | 广东经济出版社
·广州·

图书在版编目（CIP）数据

段永平：步步为“赢”/ 许洪焱，杨金利著．—广州：广东经济出版社，2023.3（2026.1 重印）

ISBN 978-7-5454-8667-4

Ⅰ.①段… Ⅱ.①许… ②杨… Ⅲ.①段永平—投资—经验 Ⅳ.① F832.48

中国版本图书馆 CIP 数据核字（2022）第 253060 号

责任编辑：蒋先润
责任技编：陆俊帆

段永平：步步为“赢”
DUAN YONGPING：BUBU-WEI“YING”
出 版 人：刘卫平
出版发行：广东经济出版社（广州市水荫路 11 号 11 ～ 12 楼）
印　　刷：广东鹏腾宇文化创新有限公司
（广东省珠海市高新区唐家湾镇科技九路 88 号 10 栋）

开　　本：889 毫米 ×1194 毫米　1/32　　印　　张：6
版　　次：2023 年 3 月第 1 版　　印　　次：2026 年 1 月第 5 次
书　　号：ISBN 978-7-5454-8667-4　　字　　数：143 千字
定　　价：55.00 元

发行电话：（020）87393830　　编辑邮箱：286105935@qq.com

前　言

Foreword

走近真实的段永平

2022年5月16日，在浙江大学125周年校庆即将到来之际，该校杰出校友段永平及其家族再次向母校捐款1.7亿元，专项支持紫金港校区西区公共教学楼宇的建设。消息传来，引起外界极大的轰动。

众所周知，这已经不是段永平第一次为母校捐款。一句“浙大越来越好，但它朝世界一流大学进军还得努力”的承诺，让段永平从2006年9月起，多次向母校捐款，支持母校的教育事业发展。这位从中国贫苦农村走出来的企业家，身上有着中国企业家特有的优质品格。

1961年出生的段永平，整个童年时期是在江西井冈山下一个普通的小乡村度过的。跟那个时代大部分的孩童一样，他小学读的是复式学校，一年级到三年级的学生挤在一间教室里上课，教室破烂不堪，教学条件很差。除此之外，他每天还要砍柴挑柴，帮衬家里，一到农忙时节便“抢收抢种”，要像大人一样，没日没夜地拼命干活。艰苦的童年生活磨炼出他顽强的意志。1977年恢复高考后，全国掀起“高考热”。段永平曾两次参加高考，最终以每门功课平均80多分的成绩，考入浙江大学，开启了他人生的新阶段。

从浙江大学毕业后的段永平，没有长久在体制内享受那种安逸的生活，而是在攻读了中国人民大学经济系计量经济学专业研究生之后，果断南下，投入南方热火朝天的改革大潮之中。当然，这个过程并不像他想的那样顺利，漂泊1年多之后，段永平应聘于一家负债累累的电子厂，做起了厂长，这家电子厂就是日后在中国声名鹊起的“小霸王”。

把一家亏损200万元、濒临破产的企业在短短几年内做到产值逾10亿元，段永平被称为业界的传奇人物。尽管荣誉加身，贵为“打工皇帝”，但段永平认为当时的企业机制限制了企业和人才的发展，在他倡导的改制不被认可后，他毅然辞职，离开了“小霸王”。

1995年9月，段永平开启了人生的二次创业。这一次，他按照自己的意愿搭建了企业的基础框架，然后就开始大展拳脚、征战商海，仅用了1年多的时间，段永平打造的步步高就打下电脑学习机的半壁江山，其后又进军电话机市场和VCD市场，让步步高形成通信系列产品（各类无绳、有绳电话），数字视听系列产品（VCD、丽声超级VCD、DVD、家庭影院等），教育电子系列产品（语言复读机、电子词典、掌上电脑等）三大电子产业线。2000年，步步高的产值突破百亿大关，占据了全国电子产品市场70%以上的份额。

1999年9月，段永平被著名的《亚洲周刊》评为亚洲20位商业与金融界“千禧年”行业领袖之一。其实，生活中的段永平为人非常低调，并不太注重这些荣誉。随着市场变化，段永平将步步高拆分为三家公司，分别专注于教育点读机、视听设备和手机三个领域。2001年之后，他将三家公司分别交给他的三个徒弟管理，自己则履行对妻子的承诺，与妻子定居海外。

段永平虽退居幕后，却从未真正远离商界，远在海外的他，仍然时刻关注着中国商业圈的动态，并找到了适合自己的新领域。其后，他就以独立投资者的身份，在股票交易市场再次封神，被外界称为“华人巴菲特”。至今，很多人对段永平的诸多经典投资案例如数家珍，其中包括：1美元“吃”进网易股、卖掉苹果买腾讯、看准“A股之王”贵州茅台等。这当中，还有一段为人津津乐道的小插曲，就是他曾花费62.01万美元在网上拍得了一次与“股神”巴菲特共进午餐的机会。当时，很多人认为，段永平为区区一顿午餐花这么多钱不值得，然而段永平则认为，能够有机会跟巴菲特在一起交谈应该是无价的，况且钱并不是进了巴菲特的腰包里，这只是一种捐款形式。

段永平曾多次向媒体表示，投资是他的爱好，慈善才是他的工作。2005年，段永平和妻子刘昕在美国成立了家庭慈善基金，2008年，又在中国注册成立了心平公益基金会，基金会的主要慈善方向是教育领域。段永平多次为母校浙江大学和中国人民大学捐款，支持我国教育事业的发展。段永平还曾为四川汶川地震灾区捐款300万美元，真正做到了达则兼济天下。

时至今日，段永平虽已退隐多年，但社会上依然流传着无数关于他的传说。洪应明在《菜根谭》中有言：“宠辱不惊，看庭前花开花落；去留无意，望天上云卷云舒。” 富不足以喜，贫不足以忧；得不足以喜，失不足以忧。段永平看淡得失，将“平常心”贯穿于他人生的始终，他以豁达的心态，成就了自己卓越的人生。

本书以客观而独特的视角，带领读者走近真实的段永平，从他的传奇人生中，我们或许能领悟到一些人生的真谛。

作者于2022年国庆

目录

Contents

第3章 投资篇：不甚用力的打鱼者

第4章 慈善篇：尽心尽力地付出

1

第 1 章

学习篇：

任何时候都是需要学习的时候

学习是为了什么，相信很多人都有自己的答案。有人可能是为了一纸文凭，以便将来找工作时有一块含金量更高的敲门砖；有人可能是为了满足内心的需求，所以从来不在乎旁人的眼光；有人可能是为了证明自己的能力，专门去研究疑难高深的学问。

段永平的学习经历相对简单，但可以看得出来，为了考上大学，他全力以赴、不受干扰地学习；为了不违背内心的诚实品格，他决不会请人代笔研究生论文。而在经营企业、深研投资或者设计慈善计划的时候，他也决不会以没有受过专门训练为借口，降低对自己的要求。

在段永平的人生经历中，我们看到的是一个通过不断学习，不断把个人短板改造成人生长处的善学者形象。其实，学习不需要等待时机，任何需要的时候，就是我们应该学习的时候。

1 井冈山上的砍柴娃

段永平，江西泰和人，生于南昌。熟悉中国版图的人都知道，处于华东地区的江西素有“文章节义之邦，白鹤鱼米之国”之美称。这里物华天宝、人杰地灵，孕育了陶瓷、书院、戏曲、中药等传统文化，以及临川、庐陵、豫章、客家等独特的地域文化。历史上，田园诗派的开山鼻祖陶渊明，北宋婉约派词人代表晏殊，“唐宋八大家”中的欧阳修、曾巩、王安石，程朱理学的创始人朱熹，明代戏曲家汤显祖，《天工开物》的作者宋应星，都来自江西。到了近现代，江西同样人才辈出，无产阶级革命家方志敏、中国物理学研究的开山祖师吴有训、近代同光体诗派代表人物陈三立、杂交水稻之父袁隆平、诺贝尔文学奖得主法籍华人高行健、著名生物学家饶毅、武侠小说家古龙等，也都来自江西。

而江西泰和，则是江西的百个县级区划之一。处于赣中南吉泰盆地腹地，位于赣江中游，西与井冈山市、永新县和遂川县相连，北与青原区和吉安县相倚，东南与兴国县接壤，南与万安县相邻。泰和县古称西昌，于东汉末年建县，因“地产嘉禾，和气所生”而得名，是庐陵文化的重要组成部分，自隋朝开科取士以来，共产生状元3名、榜眼4名、探花4名、进士399名。抗日战争时期，泰和还作为江西国民政府的临时省会，担负起江西地区抗战枢纽的重任，直到1944年豫湘桂战役期间，才不得不弃守。在中国革命历史上，泰和也是井冈山革命根据地的组成部分，涌现出开国将军18位、革命烈士5749名。中华人民共和国成立后，经过几十年的发展，泰和县屡获殊荣，还入选了2022年中国农业现代化示范区创建名单。

不过，1961年3月出生的段永平没赶上好时候。他出生时，正赶上“三年困难时期”，那时的普通百姓，自己吃顿饱饭尚且困难，面对嗷嗷待哺的新生命，很难有什么欣喜之情。

好在段永平的父母在那一年双双进入了江西水利电力学院（现南昌工程学院）当老师，也算是有了固定工资，捧上了“铁饭碗”，从其父母为他命名的“永平”二字可以推断，段永平的父母也和动荡年代的大多数普通百姓一样，希望自己的孩子和国家可以“永远太平”。

可惜的是，这种相对安稳的生活并没有持续多久。1966年“五七指示”之后，为了贯彻执行“各行各业都要办成亦工亦农、亦文亦武的革命化大学校”，也为了应对当时越来越严峻的经济形势，全国各地都办起了五·七工厂、五·七农场、五·七饲养厂、五·七大学、五·七中学、五·七干校、五·七医院等机构，段永平就是在那个时候，跟着自己的父母，被下放到了井冈山。

说起大名鼎鼎的井冈山，全世界都知道这里是中国的革命圣地。1928年4月，毛泽东和朱德在井冈山会师，从此开启了中国革命新的光辉历程。此后，国人听到“井冈山”三个字，无不热血沸腾，心生向往。

但是，1966年的井冈山，仍然是经济不发达地区。段永平和父母来到这里，最大的目标不是革命，而是生存。在当时的公社体制下，土地归集体所有，由公社、管区、生产队统一安排生产，实行平均主义的“按劳分配”，一到农忙“双抢”时节，人人都要没日没夜地干活。这当中，自然也包括已经到了上学年纪的段永平。

当时，井冈山地区的小学和中国很多农村地区一样，实行的是“混合班”，也就是一年级至三年级混合在一起上课。这种因陋就简、因地制宜的教学方式，一方面是为了适应老少边穷地区师资力量不足的现实情况；另一方面是为了应对乡村小学每个年级学生数量不均衡的情况。可以想象，这种“混合班”不会有很高的教学质量，基本上是以文化扫盲为主。此外，当时乡村小学的课程设置也并非完全以文化教育为主，除了语文、数学这些基础课以外，当时的学校还有“农机课”“赤医课”等一些充满了工农兵色彩的课程，这也是那个特殊年代的特点。

但是，这也开启了段永平善于在困境中找到突破口的人生旅程。

几十年后，段永平在一次采访中说，他觉得，办企业再难，也没有小时候上山砍柴、种地难。确实如此，段永平的儿时玩伴后来回忆，段永平当时个子不高，身子骨也比较瘦弱，学习还可以，但是，干农活实在不怎么样。比如，当时有一项劳动课内容，就是要求学生每周进山一次，帮家里砍一大捆柴火回来。教学目的既是让学生们体会到革命先辈在山里打游击的不易，也是让学生们可以切实为家里做点事。

当地很多从小就帮家里干活的小伙伴觉得进山砍柴大概和春游差不多，玩玩闹闹就把事情给干了，但对当时的段永平而言，却是一项实实在在的考验。一大早，天还没亮，小伙伴们就带着家里准备的简易午餐，相约上路了，可是一两个小时后，尚未进到大山深处，段永平就落在大家后面了。当大家开始砍柴、收拾枯枝败叶的时候，追上来的段永平已经累得大口喘着粗气了。中午时分，大家席地而坐，开始享用午餐，并比较相互之间的成果，段永平身旁的那几根小树枝总是会遭到大家的嘲笑。而到了傍晚下山的时候，扛着一大捆柴火、远远跟着大伙儿的，一定也是段永平。段永平的母亲知道自己的儿子年纪小、体力弱，每次都会在村口等候自己的儿子，这时，被母亲接过柴火的段永平又会遭到小伙伴的讪笑。如今，小伙伴们都记得，已经累得气喘吁吁的段永平坚持不肯把柴火交给母亲，死活都要自己扛回家去。

不过，经过几年的农村锻炼之后，段永平的变化也很大。小伙伴们至今还记得，在河里抓鱼，谁也比不上段永平。只要在河里徒手抓过鱼的人都知道，江河湖海可是鱼鳖虾蟹的天下，没手没脚的鱼类在岸上当然会被人类欺负，可是在水里，鱼类的灵活性和强大力量绝对不可小觑。就算是善于游泳的人，偶尔能在水里徒手抓住一条鱼，也是足以炫耀好几天的。

可是，段永平不一样，他几乎每次下水去玩都能抓几条鱼上来，有时甚至能应小伙伴的要求，抓住不同品种的鱼。大家都说，段永平上辈子多半是只鱼鹰，不然怎么会有这一手本事？

段永平却说，哪有那么玄乎？他可不想长鱼鹰的那张长嘴和一身羽毛。他说，抓鱼的关键就是学会预判，想在水里追上鱼类绝对是徒劳的，想要抓住鱼，就必须懂鱼的心思，在鱼类前进和拐弯的地方等着它，然后出其不意，成功的机会就会高很多。不过，多数小伙伴并不相信段永平说的话，说他胡扯，说人怎么能懂鱼的心思，他不过是想炫耀罢了。对于这种真心话无人理解的情况，后来，人们在网络舆论场上还将一再看到。

不过，当时的小小争论还不足以让世人困惑。小伙伴知道，段永平除了善于抓鱼以外，打石子也是一个高手。别人打石子，无非是比谁扔得远或甩得高，但段永平却能用小石子打下树梢上的小鸟，这一手绝技让他深受周围男同学的拥戴。课余时间、放学路上，段永平一时来了兴趣，或是受到小伙伴的怂恿，墙头上的鸽子、树上挂的水果，都可能成为他炫技的目标。但是一旦失手，别人家的窗户也可能遭到无妄之灾，一旦出了这种事，受人责骂、赔礼道歉，甚至被父母教训一顿都是免不了的。

还好，渐渐长大后，段永平没有继续凭着这一手绝技四处惹祸，而是把这项本事平移到了当年人人都要参与的军事训练之中。在军事训练场上，身高和力量都不算特别突出的段永平在投弹训练中，把手榴弹扔出60多米远，勇夺考核成绩靠前的名次，要说没有打石子的天赋加持，恐怕任谁也是不相信的。

而在学习方面，段永平并没有过早显露过人之处，毕竟在那个年代，成绩优秀并不受人推崇，正常的升学顺序已经荡然无存，少量的大学生走的也是工农兵推荐的路径。不过，段永平还是轻松获得过“学毛选积极分子”的称号，对于一个爱读书、爱思考的孩子来说，那个时代能读到的书不多，研究毛选几乎是毫无疑问的选择。

更幸运的是，在那样一个年代，段永平就算不能把所有心思都用在学习上，也没有偏航太远。在这方面，父母给了他正确的引导，毕竟段永平的父母都曾在江西水利电力学院这样的教育单位工作过，知道经济要发展、社会要进步，科学技术是不可缺少的，所以，即便当时的社会更推崇艰苦劳动，而把科技进步简单地等同于腐朽没落的资产阶级思想，但段永平的父母依然坚持让段永平接受哪怕是不完整的科学教育。要知道，同时期有很多同学的父母要么偏听偏信了“知识越多越反动”的观点，要么迫于生活的压力，早早就让自己的孩子“上山下乡”或者外出工作了。

时代的巨变往往出乎人们的预料。1977年10月，全国各大媒体突然刊登消息称，将于1个月后在全国范围内恢复高考，招生对象包括工人农民、“上山下乡”和回乡知识青年、复员军人、干部和应届高中毕业生。

事后人们得知，这是1977年刚刚恢复工作的邓小平在8月于北京举行的“科学与教育工作座谈会”上做出的决定，而且邓小平力排众议，坚持把恢复高考的时间放在当年，而不是更能做好充分准备的下一年。

1977年恢复高考的消息就像是一声春雷，炸开了中国大地上的阴霾，即将洒下改革开放的春雨，而段永平当时恰好高中毕业，可以说是高考人群中最恰当的人选。

可以想象，段永平当时的心情一定是激动万分的。相比于经历了“上山下乡”的知青和已经工作的工人、农民、复员军人、干部，段永平算是1977年高考人群中离书本最近的一群人，在那么多渴望改变命运的人群中，恰好高中毕业的段永平在别人眼中是具有一定的优势的。

可结果却很残酷。那一年的高考成绩下来后，段永平几门课程一共考了80多分，根本不可能得到任何一张高校录取通知书。

这大概是段永平人生道路上的第一次严重打击。一些多年来远离书本的大龄青年都超过了他这个应届高中毕业生，进入大学校园，而他这个本该具有优势的应届高中生却考了一个惨不忍睹的分数，无缘成为自1966年停止高考以来，首批27.3万大专院校新生之一。换成意志薄弱的人，也许就认命了，不再强迫自己走升学的道路。可段永平经过短暂的懊恼期后，很快就振作了起来。他决定重整旗鼓，再战考场。1977年的高考，本是在特殊情况下，于当年11月匆忙举行的，这就意味着，距离1978年的高考只有半年多的时间，中间还有春节，熟悉中国民俗的人都知道，在春节期间，全国人民都是要放假休息的，而且春节期间城里城外，十里八乡到处都是鞭炮齐鸣、锣鼓喧天的场面，想要静下心来读书不是一件容易的事。

从另一个角度来讲，如果说1977年那一次相对简单的高考让许多人措手不及，无法考出好成绩的话，那么1978年的高考肯定会高手云集，有更多人做好了充分准备，再无可以投机取巧之处。段永平做出这个决定，应该是充分估计了当中的困难的。

但是，一个人想逆天改命，从来都是需要打几场硬仗的。现在已经无从得知段永平在准备第二次高考的半年中具体做过些什么，比较合理的推断是，玩儿命用功和正确的方法，缺一不可。几十年后，有一位“60后”名人曾这样回忆自己当年的备考经历：因为自己的数理化成绩不好，他当年就把复习目标重点放在了语文、政治、英语这些主要靠背的科目上，每天抱着书本唠唠叨叨、哼哼唧唧背个不停，家里人偶尔路过他的书桌，他还会把书甩给家人，让家人随便抽一段来考他，以此来检验他的背功。等到上考场后，他也是下笔如有神，行笔如飞龙，很快就答完了考卷，还提前交卷了。出了考场后，面对家人殷切的目光，他的回答是：基本全会。可分数出来后，他才知道自己完全跑偏了。

还好，段永平没有犯这样的错误。他后来只是简单说过，因为基础太差，他把时间和精力主要用在了数理化的复习上，当复习数理化累了的时候，他就靠背政治来换换脑子，至于语文，他不知从哪儿复习才好，所以，用的时间相对较少，只是把所有课文过了两遍，写了几篇习作文章。也许是因为重点明确、方法得当，他的第二次高考成绩出来后，实现了一个惊人的跨越。从上一次高考的总分80多分，变成了这一次高考的每门80多分，他还成了所在学校唯一考上本科的人，而录取他的是赫赫有名的浙江大学。

浙江大学的前身是清光绪二十三年（公元1897年）建立的求是书院，是中国近代史上效法西方学制最早创办的几所新式高等学校之一。1912年，北洋政府将其更名为浙江高等学校。自1928年7月1日起，国民政府又将其定名为国立浙江大学，下设文理、工、农三个学院。1936年，著名地质学家竺可桢曾担任该校校长。学校还先后培养出苏步青、陈建功、王淦昌、卢鹤绂、束星北、谈家桢、贝时璋、李政道、叶笃正、谷超豪、程开甲等众多科学巨人。中华人民共和国成立后，浙江大学虽屡经调整，但始终是我国的重点高校。英国著名学者李约瑟曾赞誉浙江大学为“东方剑桥”，江南数省的学子也无不以能进入浙江大学学习为荣。

2 穷大学生的彷徨

1978年秋季，段永平来到浙江大学报到，他们这一届大学生只比本年春季入校的上一届大学生晚了半年入校，个中滋味，段永平一定深有感触。另外，江西和浙江虽说是邻省，相距并不遥远，可从井冈山那样的山区腹地来到天上人间杭州，足以让年轻的段永平大开眼界。

段永平当时报考的是浙江大学无线电专业，对于当时连电视都很少见的中国人而言，这个专业绝对是高科技专业，对于一个高科技专业的学生而言，段永平当时的见识到底如何呢?

坊间流传，初到杭州的段永平曾奉家母之命，想去拜访杭州城内的一个亲戚，一来是为了表达后生晚辈的问候之意，二来是希望本地亲戚能对自己有所关照。可手中捏着写有亲戚电话号码的小纸片，找到一个公用电话亭之后，段永平对那个连着一个话筒的小方盒子完全不知所措，左绕三圈，右绕三圈，不知从何下手，具体场景堪比一幕喜剧小品。还好，段永平足够机灵，没有贸然下手，避免闹出更大的笑话，而是退居一旁，静观他人如何使用电话机。待心中有底之后，才尝试着拨出人生第一通电话。这个带有寓言意味的小故事不光反映出段永平的个人境遇，还很好地折射出当时的中国在全球科技界的落后地位，后来中国经济的众多传奇故事都有着这样近乎戏谑的开端。

毫无疑问，段永平是在浙江大学开始脱胎换骨的，即便他那时只是浙江大学一名普普通通的大学生，但也相当于齐天大圣孙悟空在灵台方寸山，斜月三星洞中的修炼。在浙江大学，他可以得到诸多名家大师的点拨，可以看到无限的光明未来。而他对浙江大学的感情，可从日后他对母校多次大笔捐款中看出。

大学生活对一个年轻人的塑造不仅体现在知识学习方面，为人处世的锻炼也是很重要的一个维度。比如，不友善的生活环境，可以把一个开朗活泼的人推向偏激，也可以让一个本有大好前途的人怀疑一切。在这方面，段永平处理得很好。

在学校举办的一次晚会中，段永平曾当着全班同学的面，用江西方言演唱了电影《闪闪的红星》中的插曲《映山红》，这让同学们发现，当时社会上大力提倡的普通话也有力不能及之处，说话带口音的同学也有能发挥特长的地方，于是学生和老师之间的关系更融洽了。

从后来几十年办企业、做投资的经历来看，段永平和大部分事业伙伴的关系都是很融洽的，即便理念不同，需要分手的时候，也很少闹到腥风血雨、丧失体面的地步（比如，段永平和小霸王分手时，双方都堪称理智）。但这不意味着段永平就是个老好人，在面对质疑甚至被抹黑的时候，他从来不畏惧表明自己的观点（比如，有人质疑其向浙江大学的捐款比中国人民大学多时，段永平就霸气地表示，不关别人的事）。由此可以看出，段永平在青年时期已经修炼出了自己健全的人格。

1983年，段永平顺利从浙江大学毕业，被分配到了北京电子管厂。这也是当年大学毕业生的主要归宿——进入体制内。

北京电子管厂的出身相当显赫。始建于1953年，是原电子工业部所属的国营774厂，也是中国第一个五年计划时期由苏联援建的156个重点项目之一。“一五”期间，全国电子工业总投资额为5.5亿元，其中北京电子管厂就获得了1.0282亿元，约占当时整个中国电子工业总投资的五分之一，是当时中国电子元器件领域的重点工程。1956年10月15日，北京电子管厂举行开工典礼时，李富春、聂荣臻、陈赓、谭政、萧华、张劲夫、万里、蒋南翔、邓拓等党政军领导人出席了开工典礼。到1960年时，北京电子管厂上缴的利润达到1.1856亿元（厂固定资产为1亿元），不仅是当时亚洲最大的电子管生产工厂，而且是中国第一个生产半导体器件的企业，处于中国电子工业和国防工业的骨干地位。

20世纪60年代，当三线建设大规模开始后，北京电子管厂还援建了部属的厂、所18个，援建地方的厂、校13个，输送干部2100多名，为中国电子工业的发展做出了巨大的贡献。

不过到了20世纪80年代，也就是段永平进厂前后，一场半导体替代电子管的技术风暴正在全球兴起，同时因为国防订单大量缩减、企业体制逐渐僵化等，北京电子管厂正面临着一场生死巨变——进入21世纪后，北京电子管厂改制成京东方科技集团股份有限公司，再创辉煌，则是另外一个故事了。而包括北京电子管厂旧址在内的798艺术区，则成为北京文化创意产业的一大中心，堪称华丽的转身。

当段永平进入北京电子管厂时，每月工资能拿到46元，正所谓比上不足，比下有余，应付生活是足够的。如果安于现状，以他浙江大学毕业生的身份和北京市户口，慢慢等着熬出头，然后娶妻生子，扎根北京，也是顺理成章的事情。毕竟在当时，改革开放的春风已经扑面而来，像北京电子管厂这样的老国企一旦渡过了困难期，还是可以焕发生机的。

不过段永平工作3年后，北京电子管厂每况愈下，渐渐沦落到了发不出工资的地步，无法在工作中大展拳脚的段永平深深地感到了一种无力感，于是被迫找到了另外一个突破口——他考取了中国人民大学经济学系计量经济学专业的研究生，再次进入了校园。

说起中国人民大学，众所周知，这是一所有着红色基因的教育部直属高校。前身是1937年成立的陕北公学，以及后来的华北联合大学和华北大学，也是中华人民共和国创办的第一所新型正规大学。从同盟会时期就开始革命的延安五老之一——吴玉章，是中国人民大学的首任校长。从这里走出的毕业生，普遍受到各级政府和国企的重视。

段永平考上中国人民大学经济学系的研究生可以说是正当其时。在一般人看来，有了“人大”这块招牌，又是学经济的，以后不管是在政府还是企业任职，都一定会受到重视，只要按部就班地前进，大小都能当个领导。

可这时的段永平已经不是井冈山下的毛孩子了。他知道，自己不笨，只要肯下功夫，中国人民大学的硕士学位肯定能拿下。他见识过全国政治中心的庄严和国企的重重困境，大概也能明白，国家的一些困难都是暂时的，整体形势是螺旋向上的。

而此时，中国南方的改革春风明显比北方更强烈，那边的经济和社会活力更令段永平向往。如果说7年前的浙江大学通知书对他而言是一块不可或缺的敲门砖，那么7年后的中国人民大学研究生学位证，已经不算是十分重要了。在这种心态作用下，他甚至没有提交中国人民大学的硕士毕业论文，也没有参加论文答辩，自然也就没有拿到硕士学位证书。

段永平的这一做法在当时是比较罕见的。多年以后，人们发现，微软创始人比尔·盖茨也没有从哈佛大学毕业，甲骨文公司创始人拉里·埃里森历经三所大学，也没有拿下一张毕业证。他们这类人对学历证书的认识已经超越了普通人。正如孔子所说：“知之者不如好之者，好之者不如乐之者。”

3 学无止境

1989年，段永平正式开始在商场拼搏后，也没有停下学习的脚步。从未学习过企业经营管理的段永平，在不到10年的时间里，就成功地打造了小霸王和步步高这两家全国知名的企业。段永平承认，像他这样做企业的管理者，一般都没有受到过系统的经营管理培训，之所以能走到现在这个地步，企业的发展也算得上比较成功，不能不说当中有运气的成分。不过，随着未来的竞争越来越激烈，特别是自己经营的企业从地域竞争、行业细分领域竞争逐渐进入全国竞争、行业全领域竞争和全球竞争、多行业多领域竞争的时候，所面临的竞争对手的水平必然会越来越高，竞争范围也越来越大。在这个时候，像他这样主要靠自身悟性闯出来的企业管理者，如果再不加强自己在经营管理方面的系统学习，就很有可能在竞争中站不住脚，被对手打败。所以，想要企业拥有强大的竞争实力，至少应该和那些中外知名企业的管理水平差不多，知道人家平时都在干什么，才能在天时、地利、人和等基础条件都差不多的时候，发挥出企业的最大优势。

由此可见，在企业经营方面已经卓有成效的段永平始终保持着难得的清醒。2000年，在对步步高集团完成改制重组后，段永平又去中欧国际工商学院攻读了EMBA的课程。

中欧国际工商学院是中国政府和欧盟于1994年11月8日联合创立的一所非营利性中外合作高等管理教育机构，其前身是1984年在北京成立的中欧管理中心。中欧国际工商学院率先在中国大陆开设了全日制工商管理硕士课程、高层管理人员工商管理硕士课程和高管教育项目，是亚洲唯一一所三大课程全面进入全球百强的世界级商学院。段永平后来在面对记者采访时坦率地表示，他之所以要去中欧国际工商学院读EMBA，是因为他之前并没有受过系统的经营管理培训，企业做得还算成功，多少是靠着时代的春风，再加上当时中国即将加入WTO，将来必然会面对全球范围内的高水平竞争对手，为了不被对手打败，以及在全球竞争中站住脚，他认为，至少要在管理水平上和对手差不多，才能发挥出中国企业其他方面的优势。

在读两年制的EMBA期间，段永平面对的困难并不少，他们这个班一共要学习22个模块，每个月还必须在校集中学习4天，时间上的安排相当紧张，而且段永平选择的是英文班，需要在英语环境中进行听、说、读、写的训练，这无疑又是一项严峻的考验。但就算如此艰苦，段永平在学习期间也只缺过一个月的课，那一次是因为公司业务所需，他不得不出国一趟，而回国后，他就马上把课程补了回来。

精明的段永平在中欧国际工商学院学习期间，不仅努力提升了自身的管理水平，在发现好的课程时，他还会直接把这些课程向步步高公司的中高层管理人员进行介绍，或者直接请中欧国际工商学院的老师来公司做培训。当时，段永平已经开始在步步高公司内部提倡全员学习了。

他认为，一个企业上上下下的员工教育背景各不相同，对于生产、经营的想法也千差万别，在很多时候，即便开会做出了决定，也很难说大家是否真正明白这项决定背后的意义，也就是说，上下层级之间和部门板块之间，沟通始终是有偏差的，这种情况对于一家企业的日常经营管理来说是一种常态，也是一个巨大的隐患。如果这个时候，公司内部有一个系统的学习方案，在共同学习中，又能形成一个关于公司生产经营方面的统一理论，那么公司的内部沟通就一定加倍顺畅、事半功倍。

他的这套实用化学习理论不光超越了对个人文凭的需求层面，还扩大到了公司的管理层面，这时候谁还能说，段永平没拿到某所学校的一纸文凭是莫大的遗憾呢?

2006年11月，段永平在网易博客上大方承认，由于没有完成中欧国际工商学院的所有EMBA课程，他没有拿到中欧国际工商学院的学位，但这并不妨碍段永平历年来在各大学校和论坛上讲述自己的学习观点和学习经历。

2005年，段永平受邀在北京大学总裁班发表一次精彩的演讲。大概内容是：企业的核心价值内容很多，但是最重要的一条就是诚信。诚信就像是一座大厦的基础，地基没有建好是不可能建立起一座高楼大厦的，如果地基不牢，可能在建第一层时不一定能看出来，建第二层时也勉强过得去，但继续往上建造，迟早是要出问题的。在中国的文化背景下，做企业的人往往一开始没有太关注诚信的问题，而是专注于赚钱，但是做企业也好，打工也好，多挣钱不应该是我们终极的目标，而应该是多挣钱之后，还有快乐的生活。另外，做企业讲究的是本分和平常心，做自己该做的事，赚自己该赚的钱。就像汽车行驶要保持一个安全合理的速度，毕竟汽车在路上以什么速度行驶，是由你自己决定的，并不是越快越好，还要考虑车况和周围环境等因素，如果安全行驶时不注意这些因素，等到危险来临时再刹车，可能根本就来不及了。

由此可以看出，这时的段永平在向外输出自己观点的时候，依然在不断学习。

2012年10月12日，段永平作为中欧国际工商学院2000级的校友，重返中欧国际工商学院上海校园，拜访了学院老师，并和200余名校友进行了精彩对话。针对校友们关于创业方面的提问，段永平说，创业者的特质，在他看来，首先应当是可靠，包括为人、做事都应该可靠，别人才会信任你，和你长期合作，如果以捞一笔快钱为目的，迟早会众叛亲离，成为孤家寡人。其次要有热情。他表示，当时做小霸王时，就是因为自己喜欢玩游戏，直到今天依然非常喜欢。所以，如果一个人喜欢一件事情，他就会有很多动力，就容易做好；相反，如果没有兴趣，比如让他去卖浴缸，那他就可能完全没有动力，提不出任何好的想法，自然也就不可能卖得好。另外，创业的过程中艰难的时刻很多，好像每次都感觉有过不去的坎儿，但最后又都过去了。这当中，必然需要很强烈的信念，相信自己是正确的，坚持不做坏事，困难也就终究会过去。同时要记住，fast is slow，即欲速则不达。

作为一个没有拿到中欧国际工商学院学位的校友，中欧国际工商学院的老师和同学显然并不认为段永平是一个不合格的学生，而是非常愿意听一听段永平的学习和工作心得。

2013年5月，在接受《中欧杂志》采访时，他也表达过类似的观点。此时的段永平已经退居企业经营的幕后，并在投资和慈善领域重新开辟出一片广阔天地，所以，记者分别围绕创业初衷、授权经营、团队打造、投资心得和做慈善心得五个方面对段永平进行了专访。

段永平对创业初衷的解释仍然离不开“本分”二字，表示自己和很多人一样，就是为了多挣点钱、生活好一点，才走上了创业的道路，并没有什么伟大的目标。但他同时强调，创业赚钱虽然重要，但不能以捞一笔快钱为目的。同时，创业的方向应该是有热情的项目。比如，他自己就是因为喜欢玩游戏，才对最初的小霸王家庭游戏机项目产生了巨大的兴趣，并且对产品的完善也才会有很多想法。当然，做企业光有热情不行，还要有坚持到底的信念，任何一个创业者都会碰到很多困难，光有热情而缺乏信念必然无法持久。而且为了持久做企业，必须切记欲速则不达，因为企业和人一样，在短跑和长跑的时候，状态和策略是不一样的。所以，他在做步步高的时候，宁可慢一点，也要让企业的发展更健康，而从结果上看，一般健康的企业也不会发展得太慢。

对于授权经营，段永平说，自己也经历过指示、指导，到协商、授权、放权，逐步推进的过程。他甚至透露，当年他从小霸王公司离职时，15分钟就完成了整个交接工作，这是因为开头两年，他已经在小霸王公司建立了充分的授权、放权机制，他作为总经理和厂长，并不负责众多的企业具体事务，所以，交接才如此顺利。到了经营步步高公司时期，他依然贯彻了这一套企业管理办法，而不是让企业的具体事务影响自己的思考和学习，所以，等到他定居大洋彼岸的时候，步步高公司并没有因为他这个董事长长时间不在国内而受到影响，他甚至被人称为“影子老板”。所以，段永平认为，公司董事长不纠缠于生产和管理的细节，并充分信任属下的时候，授权文化就会自然产生。

对于团队打造，段永平的观点是，企业首先要确立自己的核心价值观，招的人必须符合这个核心价值观。而评价一个员工，可以从“合格性”与“合适性”两个方面来看。大部分时候，企业找的都是针对某一方面合格的人，比如技术好、会销售、懂设计，但找来的人是否和企业文化合拍、是否认可企业的内在价值，往往并不清楚，只能在实践中磨合。

段永平认为，如果在工作中，不能和有共同价值观、认可企业文化的人进行合作，这种人就算合格性再好，也不能要。原因很简单，因为工作中的合格性是可以培养的，但性格中的合适性则很难培养。因此，一方面要找到对胃口、对脾气、可以信任的人，才能把公司交给他打理；另一方面企业领导必须言而有信，激励机制和保健机制缺一不可。比如，员工在工作中做出了成绩，答应给100万元报酬就要做到，甚至提升到1000万元也可以，但千万不能以各种借口打折扣，否则再能干的员工也不可能留得住。当然，企业领导也不能总是要求员工必须付出120%的精力去工作，要本分地对待员工和企业，才能让员工把老板的企业当作自己的企业来看待。一般而言，如果一个年薪100万元的员工，别的企业用200万元的年薪也挖不走，那就说明这个员工在这家企业做得很开心，也认同这家企业的文化和价值观。这个时候，一个有竞争力的团队自然也就形成了。

投资是段永平2001年定居美国后重新开拓的一个人生领域。虽说短短几年段永平就在这个新领域取得了不亚于他在企业经营领域的成就，但对投资而言，段永平也有自己一套独特的学习和思考方法。他说，自己从事投资最重要的原则是不懂不碰，不懂的股票，涨了也跟自己没关系，所以根本不去想它。在投资时，他不是投某一个产品、某一件事情或某一个时期，而是对一家公司的整个生命周期进行投资，买时就会有持股20年的打算。在总结自己的投资手法时，段永平打过一个有趣的比喻，他认为，投资其实很简单，就像是为自己买一件需要的东西，觉得足够便宜就会买下来；就好像一个人打算买一套房子时，如果你喜欢这一套，就尽管买来住，就算隔壁有套房子涨价了，对你来说也没有意义。最后，段永平还表示，他不认为有其他的投资方法，其他方法是投机。

而对于慈善事业，段永平则低调得多，他直言在这个领域还有太多的地方需要去学习和摸索，因为在赚钱的过程中，应对挑战、克服困难、获得成就感，他比较熟悉，也是很有把握的，但把钱捐出去，用到合适的地方，还需要在一个又一个新的公益项目中去学习。而且段永平不喜欢用“慈善”这个字眼，总觉得有居高临下之意，他更愿意用“公益”来表达自己的捐款行为。他认为，一个人无论做了多大的生意，自己能用到的钱总归是很有限的，他也不希望留太多钱给自己的孩子，因为那样会让孩子的生活变得无趣。所以，他坦言做公益其实是在解决自己的麻烦，而在解决自己麻烦的同时还能帮到别人，这真是天底下难得的好事，所以他会坚持做下去。

以上采访记录和段永平工作后的学习经历说明，段永平的学习态度偏向于实用化和精炼化，一块生活中或者工作中的认知空白，就会促使段永平马上高效地去进行学习和研究，至于是否能得到一纸文凭并不重要，而一旦得出有效的学习经验和方法，他便能长年坚持不懈地贯彻执行，并身体力行地影响身边的同事和朋友。或许，这就是段永平在不同领域和不同国度都能取得成就的原因之一。

4 与师共舞

不过，要具体体现段永平对学习的态度，最能体现他的朴实性格和学习能力的，也许要算是他和巴菲特的关系了。

巴菲特是全球知名的投资家，备受各国投资人的推崇，在投资界素有“股神”之称，而且老而弥坚，时间越久，年纪越大，越受人崇拜。其实，巴菲特早年并没有这么高的声望，就算他那时已经在股市上收获了大量的财富，但仍有一种观点认为，像巴菲特这种职业投资家，一没有创办出一家伟大的企业，并参与经营；二没有发明出一种伟大的产品，福泽社会，不过是低买高卖，赚取股票差价而已，算不得什么真正的厉害人物。

但巴菲特就是巴菲特，几十年来，他始终保持着谦虚和平和的处世态度，孜孜不倦地努力着，对慈善事业做出了巨大的贡献（2006年6月25日，巴菲特在美国纽约公共图书馆签署了捐款意向书，正式决定向5个慈善基金会捐出其财富的85%，约合375亿美元。这是美国和世界历史上最大的一笔慈善捐款，但只是巴菲特长期慈善事业的其中一项），改变了人们对他的评价。而说到巴菲特的慈善事业，就不能不提著名的“巴菲特慈善午餐”。

早在2000年时，巴菲特当时的妻子苏珊引荐巴菲特认识了美国旧金山格莱德基金会的负责人，得知这个为穷人和无家可归者提供食物、医疗、住房、托幼、职业培训等慈善服务的机构每年都面临很大的资金缺口时，他就想了个主意，说每年可以搞一次拍卖崇拜者和自己共进午餐的机会，席间双方可以无话不谈，而无论拍卖的资金多少，则全数捐给格莱德基金会，用以缓解基金会的经费问题。这个做法其实就是利用巴菲特的名人效应，做一点善事，这种做法既不是巴菲特首创，也很难说效果会有多好。比如一些明星的粉丝见面会也是要收钱的，美国总统候选人也会不定期举办一些慈善筹款晚宴。巴菲特这样做只能说是略尽绵薄之力，为慈善事业做点事罢了，他可能不会想到，此事竟然会在全球掀起那么大的波澜。

事实也的确如此，巴菲特的慈善午餐拍卖会前三年可以说是平平无奇，只分别拍到了2.5万美元、1.8万美元和2.5万美元，完全属于有钱人花点小钱，见见心中偶像，顺便做点善事的正常范围。但是，自从2003年，巴菲特的慈善午餐拍卖会转移到eBay网络平台后，这件事就突然出圈儿了，生活中非常神秘的亿万富翁和著名投资家仅凭花钱就可以看到，还可以与他们一起吃饭、畅聊，确实很有吸引力，此事随即引发全球关注。当年，巴菲特的慈善午餐拍卖价就飙涨到了25.01万美元，此后数年，这一价格不断震荡上行，像一只业绩突出的股票，屡破纪录，直到2019年，一位匿名人士以456.7888万美元竞标成功后，巴菲特的午餐价格又被大幅抬高了。

在这场持续多年的全球盛宴中，不乏各国投资者慕名前来竞标，但参与其中的中国人只有四位，段永平是第一位，也是最纯粹的一位。

2006年，突然有新闻报道，已经退居幕后、转做投资的段永平出价62.01万美元，拍得了一次与巴菲特共进午餐的机会。当时的段永平已经在资本市场上收获颇丰，还和妻子刘昕共同设立了家庭慈善基金会，正在美国悠闲度日。而且段永平的这一次出价，直接把巴菲特午餐的竞拍价从上一年的35.11万美元提高了将近27万美元，创下了巴菲特慈善午餐移师eBay平台以来的最大涨幅。于是人们纷纷猜测，精明的段永平愿意出这么大的价钱去吃一顿饭，背后一定有什么深远的谋划，毕竟，有钱人的钱也不是大风刮来的。

这种猜测持续了多年，但段永平始终坚持对外说，他去和巴菲特吃饭，就是想给老人家捧个场。因为他移居美国后，闲来无事，看了不少和投资有关的书，但只有巴菲特的书，他是越看越钦佩，他也非常赞同巴菲特坚持价值投资、长期投资、不做空、不作恶等投资理念，而在投资市场上践行这些理念并大有收获后，他就想来亲眼见一见巴菲特，并道一声谢。他还强调，62万多美元的拍卖款其实都是给格莱德基金会的，而真正午餐吃饭的费用，甚至给餐厅服务员的小费，都是巴菲特支付的。

这就很有后生晚辈执礼看望老师，师生二人其乐融融的意思。虽然这个老师之前从未当面教过他什么，但段永平就算是从公开书籍中间接学到的，也完全认可，所以他就来了，似乎就这么简单。

相比之下，另外三位拍下巴菲特慈善午餐的中国人可就复杂多了。他们是2008年以211万美元拍下巴菲特慈善午餐、有着“中国私募教父”之称的赵丹阳，2015年以234万美元拍下巴菲特慈善午餐的天神娱乐老板朱晔和2019年以456.7888万美元拍下巴菲特慈善午餐的“90后”作家、投资人孙宇晨。

其中，赵丹阳曾利用同桌就餐的机会，反向向股神巴菲特推荐自己执掌的某某股票，老派绅士巴菲特礼貌地随口说了句：不错不错。饭后这只股票就一度疯涨起来，赵丹阳一时大赚特赚，气得巴菲特从此立下规矩说，此后，慈善午餐不谈股票。另一位天神娱乐的朱晔倒是知趣地不和巴菲特谈股票，但他的公司股价也在这顿饭之后一度大涨，朱老板后来到处做演讲时，也总把这顿饭挂在嘴边，仿佛取回了真经，自己也是斗战胜佛了。但最绝的当数“90

后”孙宇晨，他首先是以超高价格拍到与巴菲特慈善午餐的机会，然后又声称有病不能赴约，再然后晒出与巴菲特吃饭的照片，席间还送给巴菲特一部暗含自家虚拟货币的手机，让巴菲特莫名其妙就成了虚拟货币的拥有者。众所周知，巴菲特一向是反对虚拟货币的。而在这一番炒作之下，孙宇晨手中的虚拟货币确实跟着大涨特涨了一段时间。

2018年上映的喜剧片《西虹市首富》就借鉴了中国商人借巴菲特慈善午餐炒作的情节。在这几场饭局中，巴菲特老人家本身就是一道大菜，被人不断消费，真正把他当作老师的，恐怕只有段永平。

昔日，寒山大士问拾得：“世间有人秽我、欺我、辱我、笑我、轻我、贱我、恶我、骗我，我应该怎么办呢？”拾得回答：“那只有忍他、由他、避他、耐他、敬他，不要理他，再过几年，你且看他。”

时间来到2022年，与巴菲特一起吃过慈善午宴的四个中国人，把巴菲特真正当作老师的段永平依然是江湖上的传奇人物，甚至被称为“中国巴菲特”。这个称呼不仅是指段永平和巴菲特一样，在投资领域有旁人不可企及的辉煌成就，也是指这两位相差30岁的成功人士，同样在慈善领域有长久和大手笔的投入。

而把巴菲特当作炒作工具的另外三位则是各有各的麻烦，只剩下一地鸡毛。其中，赵丹阳早已不复当年私募教父的地位，投资业绩亏多赚少；朱晔和他的天神娱乐短短4年之后就发生了巨亏，并被证监会立案调查；孙宇晨则和他的虚拟货币一起离开了中国，还带着一身复杂的风评。如此看来，段永平才是学到了巴菲特真本领和真见解的那个人，而且段永平早已能够亲切地称呼巴菲特为“老巴”了。

和其他人消费一把就消失不同，段永平和巴菲特的故事还在延续。2022年5月2日，段永平在社交平台透露，他在美国一家餐厅吃饭时，偶然碰到了巴菲特和芒格，巴菲特显然还记得这个名义上的中国弟子，欣然把段永平引荐给了自己的老朋友芒格，双方还亲切合影，看起来相互比较认可。

至于巴菲特慈善午餐的故事，已经完全结束了。2022年6月，最后一次巴菲特慈善午餐的拍卖活动以1900万美元成交价落下了帷幕。此后，年事已高的巴菲特将不再拍卖慈善午餐，世间能够让段永平认可的老师不多了。

段永平说学习与教育

◆如果你能明白巴菲特，别的书不看也没关系；如果你不明白巴菲特，别的书不看也没关系。

（2010年2月10日，网易博客）

◆发现错了马上改，不管多大的代价都是最小的代价。

（2010年3月14日，网易博客）

◆我觉得对孩子最重要的是培养爱心，其次是养成良好的习惯，其他方面则顺其自然了。一般而言，我自己小时候做不到的事我不好意思要求小孩。我最希望能达到的境界是可以和他们做朋友。我认为小孩子沉迷游戏一般都是家长的责任，至少可以说家长对他们的关心可能是不够的。

（2010年3月17日，网易博客）

◆看企业领导人访谈确实是个很重要的看企业文化的方法，结合他们过去都说过啥、都是否做到了也可以看出来他们说的是真话还是套话。所以，看一个访谈是不够的，光看访谈也是不够的。

（2010年5月14日，网易博客）

◆“取其精华，去其糟粕”这句话往往是理想主义者的梦想，实际上经常是倒过来干的，因为搞不清楚哪些是精华、哪些是糟粕。

（2010年6月7日，网易博客）

◆世界本无神，把别人封神是人们拒绝学习的一个借口而已。由于那是个神，学不会也是正常的。

（2011年11月3日，雪球网）

◆凭你的性格你不能允许自己失败，这样你就会拼命学习。而在我看来，大学时代还不是一个人在学业上最后冲刺的阶段，你提前兴奋有可能会影响你以后对学习的兴趣。此外，一旦你在名牌大学顶尖学生群众不能领先，你的自信心会受到重大打击，凭你现在的意志，你还不足以对付这样的逆境。再说，进入名牌大学，你在第一年也很难拿到足够的资助，这也会给家庭带来沉重的负担，凭我对你的了解，这也会给你精神上带来负担。

（2012年1月30日，网易博客）

◆聪明往往指的是把事情做对的能力比较强，但知道坚持不做错事情的人最后才会成大器。

（2012年6月26日，网易博客）

◆我对我不擅长的东西都没有兴趣，就像很多人对我没兴趣一样。要做到对自己不擅长的东西有兴趣不是一件容易的事，因为人们总是以为自己比实际上要聪明一些。

（2013年2月1日，网易博客）

◆非常有意思的一点是，我整个博客讲的都是“道”的东西，可人们总是觉得“术”的东西才值得学。其实我不太懂“术”，所以才觉得自己不太适合做CEO。不过，只要在“道”上，“术”的东西早晚会学会的，学得快慢与否往往没有人们想象的那么重要，投资亦然。

（2016年6月12日，网易博客）

◆学习差的人怎么做都不如学习好的人，一个很重要的原因是因为他们努力不够，或者说他们不喜欢他们干的事情。学习好的人往往是那些喜欢学习的人。

（2017年11月4日，网易博客）

◆在教育孩子上，我经验教训都有。我觉得最重要的就是要花时间陪小朋友，真正放下所有事情的那种陪伴，每天时间未必一定要很长，但一定要专注。另外，就是要特别花心思去想小朋友想要的到底是什么。

（2019年5月14日，雪球网）

◆原则和边界还是需要告诉小朋友的。无条件的爱和无原则的溺爱实际上是有天壤之别的。

（2019年3月28日，雪球网）

2

第 2 章

经营篇：本分、诚实地对待员工和客户

所有创业的人都希望有一部经营宝典可以指点迷津。在这部宝典中，怎样对内管理、怎样对外营销、怎样打造品牌、何时孵化下一个产品等经营企业中的难题，最好都有现成的操作步骤可以明确解答。遗憾的是，现实中并没有这样的宝典。

段永平的经营之路告诉我们，就算没有这样的宝典，需要遵守的企业基本经营原则还是有的，那就是要本分、诚实地对待员工和客户。在满足客户需求的基础上，只赚取应得的利润；在需要营销推广的时候，要做到有所为和有所不为，而这份经营中的平常心，反而会让创业者走得更远、走得更稳，后发而先至。

1 猛将发于卒伍

段永平的经商经历可以追溯到他在中国人民大学读书期间。那时，他只是一个穷学生，没什么收入，很多时候都需要家里接济，而更令他感到雪上加霜的是，1987年，他还在校的时候，父亲不幸因病去世了，这就更加让他捉襟见肘了。作为儿子，本就有义务担负起家庭的重任，更何况是在20世纪80年代末期那样一个困难的年代。

在段永平进入中国人民大学读研究生之前的1984年10月，中共中央在《关于经济体制改革的决定》中提出了“实行国家、集体、个人一起上”的方针后，很快就在全国范围内刮起了“经商潮”。工、农、兵、学、党政机关、人民团体、事业单位等社会各界组织的人士纷纷加入这股热潮，形成了“十亿人民九亿商”的壮观局面。

段永平当时虽然身在校园，资源有限，但经过观察和思考，他决定从一款当时风头正劲的商品——章光101生发剂入手，在商场上小试一把。

章光101生发剂的主要功效是养发、生发、防脱发，其研制者名叫赵章光，是浙江省乐清县象东乡的一位赤脚医生。赵章光在行医过程中，见到过各种因脱发问题而烦恼不已的病患，这其中不仅有为数众多的中老年人，相当数量的年轻人也有这个问题。为了解决他们的烦恼，赵章光花了整整6年的时间，经历了上百次试验，并在失败中逐步改良配方，才终于成功研制出了101生发酊。

1983年11月22日，《浙江工人报》记者潘国钧以《治疗脱发有妙方》为题报道了101生发酊，打响了其名号，引起社会各界人士，尤其是脱发人士的广泛关注。其后，101生发酊通过技术鉴定，受到全国17位皮肤病专家和药学教授的一致认可，确认其治疗脱发有效率达97.5%、治愈率达84.8%。1987年，赵章光又与北京市民政局合作，成立了北京市毛发再生精厂（北京章光101集团前身）。此后，“章光101”的名声就逐渐响遍了全国大江南北，并在各种博览会上屡获奖章，还曾作为国礼被送给日本首相竹下登。

如此看来，段永平的选品眼光确实不错，选中的是一个直到今日还屹立不倒的好产品。不过，作为一名穷学生，他当时的能力毕竟有限。筹集本钱、进货、销售、收回货款，任何一个步骤对一名穷学生而言，都是不容易的。这一次的小试身手，并没有让段永平掘得第一桶金，只能算是在门缝里窥视了一眼商海大潮的样子，让他找到了一些赚钱的感觉，发现赚钱也不是一件特别难的事情。多年以后，段永平还记得自己当年出售了一批生发剂后，是坐着公交车出去、打着出租车回来的，然后还请同学一起喝了可乐、抽了万宝路。在这次小小的经商经历中，段永平也许没有挣到很多钱，但是却收获了信心，所谓的市场经济大潮在他眼中也不过如此，未必能把人淹死，却藏有无穷无尽的“渔获”。

转眼到了1988年夏天，段永平面临大学毕业后的去向抉择。一般而言，对他们这种毕业生来说，无非就是两条路：一是进入体制内的单位，过相对稳定的人生；二是跳出体制外，大胆搏一把。其实，从段永平对待自己毕业论文的态度，就不难看出他的选择。因为不愿意在毕业论文的撰写上花费太多时间，又不屑于找人代写，段永平居然就此放弃了学位证书。这在很多人看来是难以理解的，但段永平用此后几十年的经历证明了他有自己更看重的东西。

在后来的媒体访谈中，段永平曾透露过他做出这一选择的原因。他说，在体制内时，他经常听到别人介绍某人时，会用这是某人的儿子来做前缀，每当这时他就想，我只是一个普通人的儿子，在这种环境里，哪天才是我的出头之日？再加上受到当时南方活跃的改革开放氛围所吸引，所以，毕业后，他已经有了要去南方的想法。至于体制内的稳定工作和北京市户口，这些在别人眼中非常实在的东西，在他眼中反而是非常虚幻的。有人劝他，光是北京户口，就值好几万元呢。但段永平表示："以后想要了，再买回来就是了。"很显然，段永平有这样的信心。

离开校园的段永平先去海南走了一圈。因为1988年4月，海南省人民政府已经挂牌成立了，同时，整个海南岛被划为经济特区，全国人民都认为，海南前途不可限量，一定会迎来一个迅猛的发展期，于是，上到影视明星，下到普通民众，很多人都来这里找商机。但是，段永平到了海南以后，发现那里求发展、盼发展的氛围虽然十分狂热，但基础建设水平还十分薄弱，并不具备全面、快速发展的水、电、气、原料供应等配套设施。比如，后来的旅游胜地三亚，当时还只是一个小渔村，而且海南的发展重点从那时起就高调地要落实在旅游行业，段永平对旅游业不是很感兴趣，于是就想再去珠三角看看。

但还没到改革开放的热门城市广州和深圳，段永平就被距离广州西南方向不到100公里的佛山吸引了。那两年，名噪一时的佛山无线电八厂正是如日中天的时候，不仅凭借着明星产品星河880组合音响拿下了中国电子工业第一个国际金奖——波兹南国际博览会金奖，还大张旗鼓地在全国打出了"抢人才，挖人才"的人才引进战略。无论全国各地哪里的人才，佛山无线电八厂只要看中了，就会通过帮助其落实户口、解决住房、解决家属工作等办法，积极吸引人才来佛山，对于行业领先人物，还会提供产品开发经费和平台，甚至直接花钱“赎买”。于是，短时间内，佛山无线电八厂就聚集了数百名大专院校毕业生，人才密度超过了很多北京的科研院所。

在这种氛围下，学过无线电专业的段永平首先落脚佛山也就不足为奇了，但段永平到了佛山无线电八厂才发现，这个当时一千多人的工厂，已经聚集了数百名大学生，如何合理有效地发挥这些大学生的作用，才是佛山无线电八厂的当务之急，可惜，当时的佛山无线电八厂并没有解决好这个问题。众多满怀热情投奔佛山而来的大学生并没有在佛山无线电八厂找到适合自己的位置，这当中就包括段永平。

段永平在佛山待了一段时间后，很快就明白自己在佛山无线电八厂前途堪忧，以他当时的决绝态度，北京尚且不能留住他，佛山同样不符合他的要求。于是，段永平很快开始寻找下一步的出路。

经人介绍，佛山南面100余公里外的中山市，有一个企业答应面试他。段永平毫不犹豫，马上买了车票，奔向中山市。此时，段永平手上的积蓄已经不多了，他明白，这一次的机会对他很重要。而答应面试段永平的中山怡华集团是后来中山市的明星企业，综合实力后来一度位列中山市企业的季军，集团老总陈健仁也是一位传奇人物。

据说怡华集团的支柱产业——京华酒店刚刚成立时，酒店原来的地址是一片稻田，位置偏僻，客流量非常少。许多员工面对这种情况都垂头丧气，觉得没生意，只有作为酒店经理的陈健仁信心满满，继续按照原本规划好的方式营业。他当时要求酒店员工，不管有没有客人，一到傍晚就把所有客房的灯打开。他说："如果不开灯，别人就不知道我们在营业，客人自然不会上门。我们把灯开着，客人们看见了灯，就会进来。我们要让每一位来到酒店的客人都体验到宾至如归的感觉，这样以后生意就一定会越发兴隆。"后来，也正如陈健仁所料，京华酒店客人络绎不绝，财源广进，怡华集团也借此获得了较大的发展。

那时的陈健仁正急于为集团下属一家叫日华电子厂的小企业找一个引路人。而同样需要出路的段永平和日华电子厂就这样相遇了。

现在已经无从知道怡华集团老总陈健仁当初面试段永平时都具体谈了些什么，只知道当时的陈健仁其实比段永平大不了几岁，说着一口广东人中难得的普通话，"阿段，阿段"地叫着，对眼前的新人很是欣赏。而28岁的段永平则是满腔热忱，对任何事情都有自己的一套看法。

两人很快就谈好了，段永平被赋予了日华电子厂厂长的重任。陈健仁就像那时的很多广东老板一样，不看资历，不看经验，看准一个人就马上赋予其重任。段永平也像那个时代的众多开拓者一样，不畏困难，不惧风险，只要有一线生机，就会全力以赴。

可是，作为新任的日华电子厂厂长将会面对什么呢？公开资料显示，这个日华电子厂此前是一家生产大型电子游戏机的小型集体企业，当时因为经营不善，已经背负了上百万元的债务，生产线上只剩下10多个人，账上也只有3000多元，此时厂内的生产线已经停了，因为产品根本卖不出去，企业被迫转做贸易了，说是濒临倒闭也不为过。

新任厂长段永平经过仔细调研后，认为做贸易只能赚点差价，前途不大，企业还是要做出市场需要的产品，才能摆脱困境。段永平结合日华电子厂的实际情况，选中家庭电视游戏机作为突破口。

当时，日本游戏机生产公司任天堂已经成功推出了第一代家用电视游戏平台，即大名鼎鼎的红白机，并在全球掀起了游戏热潮。据市场统计，红白机上市两个月后，销量就高达50万台，不到一年，销量就超过了300万台。在中国的“70后”“80后”群体中，要想找一个没玩过红白机经典游戏魂斗罗和超级马里奥的人，恐怕孰为不易。

不过，由于关税等原因，任天堂的正版红白机在国内价格昂贵，数量稀少，随之而来的，必然就是众多价格便宜，但质量良莠不齐的红白机仿制品。段永平认为，以他的专业背景和日华电子厂的生产能力，完全可以从中分一杯羹。

经过紧张的技术攻关，段永平和日华电子厂的技术人员认为，自己完全可以生产这种家庭游戏机，然后又花了一番力气对原来生产大型电子游戏机的生产线进行了改造，这样一来，生产家庭游戏机的基础条件就具备了。

不过，产品要上市，还需要一个市场基本能认可的品牌才行，可当时的段永平和日华电子厂已经没有多余的钱再去申请注册新品牌，并将之打响了。思索一番后，段永平决定和一家中国台湾的企业合作，租用他们的品牌，来生产家用游戏机。这是因为，一来当时生产家用游戏机的芯片和主板都主要来自台湾地区，与台湾厂商合作，对于获取基础原件有好处；二来当时的消费者比较青睐台湾地区的电子产品，认为它们的水平仅次于日本原产。

日华电子厂的家庭游戏机上市后，果然很快打开了局面，这时，段永平又持续加强品控，让自家产品在一众仿制品中脱颖而出。

可是一段时间之后，段永平发现，合作的台湾企业居然又把他们正在租用的品牌授权给其他厂商使用。这就使市场上出现了非日华电子厂生产，却是相同品牌的家庭游戏机。对这家台湾企业背信弃义的行为，段永平非常愤怒，因为很明显，这种行为不仅使日华电子厂的经济利益受到了很大的损害，还会让广大消费者怀疑日华电子厂产品的品质，从长远来讲，后一种结果可能对一个企业的损害更大。

但经此一事后，段永平自然想到，现在既然已经掌握了全套生产技术，又有了一定的经济效益，与其租用别人的品牌，不如自建品牌。说干就干，段永平立刻在厂内公布了这个消息，并鼓励全厂职工集思广益，给自家的产品起一个响亮的名字。据说，厂内的一个职工在吃饭时忽然想到了“小霸王”这个名字，就赶紧告诉了厂长段永平。段永平认为，这个名字既有个性，又有童趣，很符合一个小孩子打游戏时的心理状态，于是就拍板定下了这个名字。同时，还给小霸王品牌设计了一个顶在一起的两只拳击手套的图案，寓意产品质量和售后服务两手都很过硬。于是，日后大名鼎鼎的小霸王就此诞生了。

要创立自有品牌，一家企业需要在产品开发、质量把控、售后服务、经销渠道、广告宣传这五大方面都筑起坚固的长城。

对于产品开发，段永平已经有了一定的心得，但依然给予开发部的技术人员很高的待遇，此后从小霸王游戏机向学习机的转变过程中，就可以看出段永平的先见之明。

对于质量把控，段永平堪称是以霹雳手段，行菩萨心肠。当时，国内的这类电子产品大多是用进口的集成电路进行散件组装，生产过程说简单也很简单，无非就是把电子元器件像搭积木一样组装在一起就行了，但如果不注重整个系统的协调性，便非常容易造成使用中的各种小问题。彼时，国内某些品牌的电子产品返修率高达30%，生产厂家还习以为常。但段永平不允许这种情况发生，他认为，小霸王即便不是完全原创的产品，也必须达到原版的质量，所以，不管产能多么提高，段永平都要求小霸王产品的返修率控制在0.3%以内，因此，生产部门的生产纪律非常严格。有一次，在小霸王的生产线上发生了一场小型火灾，虽然并没有造成人员伤亡和很大的物质损失，但段永平立刻按照规章制度将生产部负责人一撸到底，并让更认真负责的人来管理生产。对此，当事人并无怨言。

多年以后，据当年小霸王公司的员工回忆，段总在小霸王的威信非常高，不管哪一层级的员工，见了段总都像老鼠见了猫一样，大气也不敢出，完全达到了不怒自威的程度。但段总也是一个很讲道理的人，看见有员工来赶电梯，他会摁住电梯门，等着员工；进出会议室的大玻璃门，他也会拉住玻璃门，让别人先走；在会议上讨论问题时，更不会因为层级不同，就对员工大声斥骂。所以，他的威信是自然形成的，而不是靠地位悬殊强加给别人的。

很多成年后的消费者都有这样的体验，偶然间把自己小时候玩过的小霸王游戏机翻出来，给自己的子女玩时，发现多年未用的小霸王还能运转如常。

在售后服务方面，小霸王公司在经历了初期的资金紧张局面后，逐步在全国建立了30多个售后服务中心，并坚持包修包换的售后服务承诺。

而经销渠道也是和质量把控与售后服务息息相关的。有了过硬的产品质量和完善的售后服务，经销网络也关系着产品能够深入消费者群体的程度。为了贯彻全国一盘棋的经销理念，段永平取消了早期的全国总经销制，代之以省级代理总经销，这样就可以动员更多的经销力量，而不是受制于全国总经销。同时，段永平还要求省级总经销必须扶持各大城市的地区经销商，要保证他们的利益，为此，段永平统一了全国的产品销售价，规范了市场，让经销商的精力主要用在推广产品，而不是打价格战上。经过这一番整顿，经销商和消费者的利益都得到了保障，小霸王公司的市场信誉也得到了认可。很多发了财的经销商从此认准了段永平这个人，后期无论段永平和段系企业做什么产品，他们都愿意一路追随。

2020年11月，一则劲爆的消息忽然引爆全网，有媒体报道称昔日名噪一时的小霸王申请破产了。一时间，多少人哀叹“自己的青春没有了”，也有人惊呼“‘小霸王其乐无穷’再也听不到了”。由此可知，小霸王是多少人的童年回忆。

但媒体的后续报道却又说，此“小霸王”非彼“小霸王”。申请破产的其实是一家叫小霸王文化发展有限公司的企业，因为项目产品未能按品牌方的预期上市，所以停止运营，而“小霸王”品牌仍然属于广东益华集团（由从前的怡华集团更名而来）。不知此时身在海外的段永平得知这场风波后会做何感想?

说到广告宣传方面，段永平更是个中高手。1991年，当时已经在全力经营自己品牌的段永平做出了一个大胆的决策，那就是投入40万元，在中央电视台为小霸王游戏机打了一个广告。这可是同类产品首次在中央电视台投放广告，以那个年代中央电视台的影响力，一下子就把小霸王游戏机和其他游戏机区分开来，事后复盘，这40万元的广告花销，至少换回了上亿元的产品销售额。

同年，中山市还举办了中国历史上第一场电子竞技比赛，奖金是1万元，比赛广告词“拥有一台小霸王，打出一个万元户”一时引起社会轰动。不用说，此事的幕后推手也是段永平。通过这一系列的营销手段，小霸王游戏机迅速获得了市场的认可，取得了惊人的利润，而此时距离段永平首次踏入日华电子厂的大门不过两年时间。

不过，段永平十分清醒，在保持小霸王游戏机相比任天堂红白机具有强大价格优势的同时，自己自始至终严守产品质量的底线，可以说是以做正版的态度来做仿制版，这也保证了自家产品不会像市场上众多的同类产品一样，昙花一现。同时，段永平特有的企业经营风格也在逐步成形。

2 初次称霸

1992年，段永平把日华电子厂更名为中山市小霸王电子工业公司（以下简称小霸王公司），由此，在江湖上有了自己的第一块招牌。但在日进斗金、年产值已经实现1个亿的情况下，段永平仍然保持着清醒。

首先，必须看到，游戏机这类产品虽然深受年轻人喜爱，但在中国众多家长看来，其无异于洪水猛兽，像举办电子竞技比赛这种活动，当时就受到了很多媒体的口诛笔伐，说玩物丧志都是轻的，直接斥之为“电子鸦片”的也大有人在，甚至有人把个别地区的治安状况不好也归结于玩游戏的人太多，建议电视台和其他媒体都不要给游戏机类的产品打广告。

其次，游戏机市场的容量毕竟有限，一般家庭用户购买过一次游戏机后，后续购买的只会是游戏卡带，这就同唱片机和唱片的关系一样。段永平估计，用不了两三年，国内游戏机市场就会饱和。

最后，必须明白，小霸王游戏机的崛起其实也是沾了任天堂的光，如果任天堂之类的头部游戏机厂商又推出新的深受市场欢迎的游戏机，那就意味着游戏机市场的又一次大洗牌。那时，看似光鲜的小霸王公司能否如愿生存下去，仍未可知。

要想未雨绸缪，立于不败之地，已经获得了一定优势地位的小霸王此时要么力争上游，争取把自己变成像任天堂那样的头部游戏机厂商，要么就另辟蹊径，早做打算。可是，在国内的舆论环境中，想做一家纯粹的游戏机厂商，前途是不明朗的——2000年6月，国家也发布了《关于开展电子游戏经营场所专项治理的意见》，规定“自本意见发布之日起，面向国内的电子游戏设备及其零、附件生产、销售即行停止。任何企业、个人不得再从事面向国内的电子游戏设备及其零、附件的生产、销售活动”。

而在当时的电子行业中，最被看好的，应该是个人电脑。可是20世纪90年代初期的个人电脑还处于386和486时代（CPU通常以代数命名，386指的是第四代CPU，486指的是第五代CPU），一台性能一般的个人电脑也要1万多元，相当于普通家庭1年多的收入，属于奢侈品。那时候，别说买一台个人电脑，就是报个简单的电脑操作学习班也要几千元。如果说，这个时候杀入这个高端领域，小霸王公司无论资金、人才、技术储备等各个方面，都必然会处于捉襟见肘的状态。

但段永平却从一款台湾地区生产的电脑学习机中获得了灵感，他和公司的技术人员商量，是否可以打造这样一个产品：它不算是真正的电脑，却也能连接电视屏幕，使用真正的电脑键盘，模拟电脑进行操作，而且它可以集成小霸王游戏机的娱乐功能，发挥公司曾经的优势。

据此想法，诞生了第一代“小霸王中英文电脑学习机”，它还有一个看似高端的英文编号“SB-218”型。为了让这样一个产品不负学习机之名，段永平花了20万元从王永民教授创办的汉卡公司买来了王码五笔字型汉字输入法，还和公司的技术人员一起为这台学习机配上了打字、中英文编辑、BASIC语言编程、听音乐等近似的电脑操作功能，当然，游戏卡的接口和游戏手柄也是必不可少的。这样一台售价两三百元的机器，却能像模像样地模拟上万元的个人电脑，从用户体验来说，简直太值了。再加上“包你三天会打字”的广告语，让很多家长在为孩子购买小霸王学习机时，就会自动忽略这款学习机的游戏机属性。于是，一代爆款神机诞生了。

1993年5月，小霸王学习机上市后，段永平很快就在中央电视台投放了新的广告。“你拍一，我拍一，小霸王出了学习机；你拍二，我拍二，学习游戏在一块儿；你拍三，我拍三，学习起来很简单；你拍四，我拍四，包你三天会打字；你拍五，我拍五，为了将来打基础。”这首新编《拍手歌》也堪称神曲，很快就把小霸王学习机带向了全国，甚至掩盖了段永平在产品开发和品控方面的努力，让人以为好像段永平只是特别会打广告而已。

其实，段永平对产品品质的控制有着很严肃的态度，绝不允许在能做到100分的情况下只做到80分。据说当年小霸王生产线上的一批产品出了点瑕疵，但不影响出货，段永平知道后，宁可延迟交货，承担违约损失，也不让有瑕疵的产品走出工厂大门。

而暂时的购销两旺也没有蒙蔽段永平的眼睛，他明白自家的产品还不是十分完美，于是在操作体验、学习内容和游戏卡带等几个方面不停地更新迭代。在小霸王学习机的产品生涯中，键盘体验在持续改进，学习内容也在不断丰富，第二代产品中的《英语词霸》甚至得到了国家教委的认可，内容改进一路持续到了后来的小霸王平板电脑学习机时代。

营销广告也在迭代，第二代小霸王学习游戏机“SB-486”型上市后，小霸王新编《拍手歌》又变成了：“你拍六，我拍六，小霸王出了486；你拍七，我拍七，新一代的学习机；你拍八，我拍八，电脑入门顶呱呱；你拍九，我拍九，21世纪在招手。”以至于1994年前后，根据相关部门做过的一份“中国人最熟悉的电脑品牌”的问卷调查，竟得出了一个令人有些哭笑不得的结果：中国人最熟悉的电脑品牌不是IBM，不是联想，而是小霸王学习机。这让各大电脑公司情何以堪，也从侧面证明了小霸王学习机在市场上的地位，甚至有人惋惜，说如果段永平真的在那时进军个人电脑市场，说不定会改变后来国内个人电脑市场的格局。

不过，一首神曲唱到这一步也有点缺乏吸引力了。段永平何其敏锐，他可不想等到广告受众群体厌烦了再做改变，他一向是主动求变的高手，他需要广告受众持续关注他的产品。

起初，段永平考虑用某当红男星，原因是这位当红男星的知名度高，有市场说服力。可刚开始谈合作，这位男星就开门见山地提出了税后180万元的天价代言费，而且仅允许有1年的使用期限，还只能拍电视广告。如果要拍平面广告，需要另外收费。段永平认为该男星提出的条件过于苛刻，再加上该男星正在闹绯闻，声誉并不好，一旦押错了宝，很容易对公司产生负面影响。于是，段永平决定另觅代言人。

1994年9月，段永平在香港参加一个电脑博览会时，巧遇了也在此处参观的功夫巨星成龙，双方短暂交流之后，段永平就有了请成龙来为小霸王代言的想法。但是成龙的经纪团队和小霸王的广告团队反复沟通后，却卡在了付款方式和广告内容上，有人认为，一个武打明星和电脑学习很难产生联系。后来双方商定，小霸王公司为成龙的慈善基金会募集善款，成龙就以慈善义务的形式为小霸王拍摄广告，至于广告内容，就巧妙借鉴“望子成龙”这个成语。

1995年元旦，怀抱小霸王学习机的成龙首次出现在中央电视台的黄金广告时段，并对着全国观众微笑说道：“同样天下父母心，望子成龙小霸王。”同年，成龙主演的贺岁档大片《红番区》也在全国刮起了一场观影风暴。小霸王学习机的销量和影响力再次超越了自我。当年产值高达10亿元，无形资产根据评估不低于5个亿，而且小霸王公司的收入已经攀升到了怡华集团旗下十几家子公司的首位，当年那个奄奄一息的日华电子厂算是彻底翻身了。

不过，就在小霸王公司蒸蒸日上的时候，小霸王公司的日后走向却不能不让段永平焦虑。根据段永平和怡华集团当初的约定，段永平团队可以获得自家工厂30%的利润，怡华集团则获得70%的利润。这种简单的利益分配条款在当年的经营氛围中比比皆是，大家不会想到要签一个面面俱到的协议，只要相对公平合理、有奔头，就可以先干起来。但是当小霸王游戏机和学习机获得巨大的成功后，滚滚现金流像洪水一样向小霸王公司涌来时，即便是30%的利润分配权也是很惊人的。

据当年小霸王公司的职工回忆，逢年过节，大家总是用报纸包着厚厚的现金回家，还一脸骄傲地大笑，而同为怡华集团其他子公司的职工，看了难免心生嫉妒。其实，这些普通职工不知道的是，当时怡华集团不仅拿走了当初约定的70%利润，还时不时地从小霸王公司抽调资金支援其他子公司。当初约定的利益分成比例，其实早已经被怡华集团的高层打破了。

这在怡华集团和其他子公司看来也许是天经地义的事，一个大家庭里的成员，难道不该互相帮助吗？更何况，当初若是没有日华电子厂这个平台，又何来后来的小霸王公司？怡华集团的一位高层领导就曾经公开说过："企业经营得好，并不意味着你可以拥有这个企业，这是许多南下打工者的一个误区。"但在段永平看来，这种权责不明的管理行为，从小了说，是对创造了巨大财富的小霸王公司全体职工的不尊重；往大了说，这种管理方式长久来看一定会影响小霸王公司将来的成长，进而限制怡华集团的发展壮大。

经过思考，段永平向怡华集团提出了股份制改革的要求，他希望用现代企业制度厘清小霸王公司和怡华集团在所有权、经营权、人事权、财务权等各个方面的关系，不要一纸通知下来，就必须执行。比如，集团公司从下属子公司抽走资金，就应该走完善的财务途径，也可以用集团公司拥有的子公司股份做抵押，这样，有前途的子公司才会越做越大，而不是沦为集团公司的现金奶牛。

不过在1995年前后，段永平的这一观点显然超越了时代的脚步。那个时候，中国虽然已经有了上海和深圳两个股票交易所，但是各种规则尚在不断完善之中，企业的产权制度改革也在不断摸索之中，大量优秀的国企、集体企业以及民营企业都面临着类似的问题。小霸王公司所属的怡华集团也没有解决这一问题的强大意愿和政策能力。身为集体企业，怡华集团只能将股改方案提交到中山市政府进行研究，但是中山市政府研究后得出结论，认为中国是以社会主义公有制经济为主体的国家，在国务院未提倡股份制的情况下，市政府不敢同意让小霸王公司进行股份制改造。其实，从事后诸葛的角度来看，中央政府已经意识到了产权制度改革的必要性和对解放生产力的重要性，但还要等到1年多之后，才会在全国铺开试点。只能说，段永平的股份制观念走在了别人前面，小霸王公司终究会错失它的缔造者。

在两次申请股份制改革被拒绝之后，段永平只好选择了递交辞呈，以表明自己的决心。这个消息立刻在小霸王公司和怡华集团掀起了巨浪，从个人角度来说，此时的段永平已经处于职业经理人的顶尖位置，每年的收入相当可观，这时候仅仅因为经营理念不同就放弃这一切，在很多人看来实在是难以理解；从怡华集团的角度来说，段永平的功绩有目共睹，如果放任这样的人才离开岗位，既可能在集团内部造成巨大动荡，也可能在将来的市场上产生一个强大的对手。

还好，怡华集团的老总陈健仁和去意已决的段永平都是胸怀宽广的人，没有像有些企业面对这种情况时那样，闹到两败俱伤、对簿公堂的地步。

陈健仁表示，在他的职权范围内，他很难支持段永平的要求，也不想强迫段永平不开心地继续干下去，但他希望，段永平离开时不要造成小霸王公司内部剧烈的震动，也不要在外部生产和小霸王同类的产品来争夺市场。

段永平表示，陈总对他有知遇之恩，小霸王公司也犹如他的孩子，他绝不会做任何有损小霸王公司利益的事，即便是有人愿意继续追随他，他也会和怡华集团达成共识，才把人带走，而不是私下里挖墙脚。

最后，双方达成君子协议，段永平只从小霸王公司带走6个人，而且1年内不和小霸王公司在国内市场进行竞争。陈健仁则送了段永平一辆奔驰轿车作为分别礼物，还为段永平举办了一个盛大的送别酒会。

在送别酒会上，小霸王公司的员工纷纷主动上前向他们的功勋厂长敬酒，有些人甚至泣不成声，一向稳重、内敛的段永平也深情回忆起自己这几年在怡华集团的点点滴滴，告诉众人，他虽然离开了小霸王公司，但他相信小霸王公司一定会越来越好。

最后，段永平喝得大醉而归。那一刻，段永平刚刚度过自己34岁生日不到半年。

3 再创辉煌

1995年9月，离开小霸王公司1个月后，段永平带着6个愿意追随他的老同事来到了中山市东北方向90公里外、隔珠江水相望的东莞市长安镇，注册成立了广东力高电子有限公司。

段永平之所以选择这里，是因为东莞离深圳更近，交通更方便，周围配套的电子元件厂也更多、更好，而另一个直接原因则是，长安镇当时尚不是后来的寸土寸金之地，有足够便宜、足够多的工业用地可以使用。

公司草创，百废待兴。段永平在新公司中，首先就按照自己的意愿实行了股份制，当然这个股份制并不是说把所有股权都握在自己手里，让别人都做打工者，而是把相当部分股权按贡献和能力分售给企业里的所有员工，让所有员工都可以分享到企业发展的成果。仅此一条，新公司就吸引来不少原来小霸王公司的员工，他们一方面不能适应小霸王公司新领导的管理风格，而且十分相信段永平的眼光和能力；另一方面听说来这里可以拿到新公司的股权，所以上到拿着高薪的管理人员，下到普通的基层员工，不少人不惜降薪，也想到段永平的新公司来谋一个职位。而同时，小霸王公司的新领导也正想换一批自己的手下，顺便削弱公司中段永平原有的影响力，所以，双方一拍即合，在不违反协议的情况下，壮大了段永平的新公司。

其次，段永平在新公司中不仅延续了之前的教育类电子产品，还增设了通信类电子产品。但段永平严守承诺，不在国内市场和小霸王公司争地盘，经过多方努力，段永平的新公司获得了一份北方邻国俄罗斯的游戏机订单。虽然对俄罗斯市场情况不熟，但段永平依然决定大举进入俄罗斯市场。可惜的是，那个年代的大部分中国商品在海外还是仿冒品和廉价品的代名词，多数海外用户对中国商品都有偏见，再加上段永平新公司产品的差异化设计没有和海外用户的心理预期产生共鸣，所以，段永平新公司的产品没有掀起太大涟漪。

与此同时，段永平在国内还发起了一场面向全国的有奖征名活动，因为他对“力高”这个名字不太满意，想要换一个更响亮、更吉利的名字，同时，有奖征名活动还可以为新公司提高知名度，可谓一举两得。

活动展开后，段永平很快就收到了全国各地的大量来信。在各种各样的取名建议中，段永平首先就摒弃了取个外国洋名的做法，当时确实有很多中国企业热衷于取洋名，而且在段永平所在的电子行业，大家热衷于取日本名字，以此来彰显技术血统和先进性，甚至有企业专门去日本注册一个商标或企业，然后拿回国内生产，以此冒充进口产品。但段永平对这种做法嗤之以鼻，他认为，这种做法违背了他本分做事的初衷，是在有意无意地欺骗消费者，而且，他坚信，凭着自己的努力，一定能做出知名品牌。

在上万份征名稿件中，段永平和他的团队最后都对“步步高”三个字情有独钟。大家认为，“步步高”这三个字寓意很好，又容易写、容易记，绝对能满足大众传播需求。可是到了兑奖环节，却出了一点小状况。因为公司工作人员发现，取中“步步高”三个字的应征者足有8人之多，本来公司是想花小钱办大事，给中奖者准备的奖金是5000元，现在出了8个中奖者，可就大大超出当初的预算了。有人建议，干脆让这8个中奖者再抽一次奖吧，抽中的人独得5000元奖金，或者让这8人平分5000元奖金。段永平知道此事后，马上制止说：“当初说过的评中给5000元，就要给别人5000元，8个人评中就给8份奖，没什么好说的，至于是否超出预算，是我们内部的事，与中奖者无关。”他还风趣地开导工作人员说：“我们应该庆幸，中奖的是8人，而不是80人。”

其实，段永平心里肯定知道，当时新公司的财务状况并不好，大量资金压在了海外市场，迟迟不能收回，国内现有资金都是能省则省，全力应对原料供货商的货款。如果说区区4万元奖金只是疥癣之疾，那么即将找上门来的原料供货商，可就真是心腹之患了。

面对新公司的这场危机，段永平不等不靠，主动召集原料供应商，向他们如实说明了公司的现状。他向供货商们表示，现在新公司面临的困难是实实在在的，但他的公司绝不会赖账，他本人也不会跑路，如果大家信任他，愿意把到期货款缓一段时间，新公司将在资金到账后连本带息付给大家，绝不会让大家吃亏，如果看好他的公司，也可以把货款转为公司的股份，将来一起享受公司发展的成果。这些供货商很多都是段永平在小霸王公司时就相识的老熟人，他们相信段永平的为人，也看好段永平的新公司，不少人借此机会，入股了段永平的新公司；不愿入股的，也答应缓收货款。由此，新公司平稳渡过了此次危机。

好在这时已经到了1996年的下半年，当初与怡华集团的1年之约已经到期了，段永平和他的步步高公司决定把重心转回国内，再战风云。

对于生产出在国内适销对路的产品，段永平是有信心的，但是步步高作为一家新公司，如何迅速让消费者熟知，仍然是一个大问题。那时，根本没有后来强大无比的互联网，强势媒体仍然是电视，而在电视上做广告，无非是选择地方台或者中央台的区别。中央台的优势大家都知道，影响力覆盖全国，广告信息也很权威，但价格昂贵，实力不强的新公司承受起来很有压力；地方台有价格优势，但受众狭窄，也不利于树立品牌的优秀形象。面对这种两难局面，段永平最后拍板，就是把公司剩余的钱都花了，也要在中央电视台打广告，因为这不是钱多钱少的事，而是事关新公司以何种面貌面对全国消费者的事，必须全力以赴、不惜代价。

1996年11月，当时名不见经传的步步高公司以8000万元的价格拍下了中央电视台《天气预报》节目结束后的一个广告段位。当步步高学生电脑的广告形象和音乐徐徐展现在全国人民面前时，普通消费者看到的是一款质优价廉的电子产品，略知内幕的合作伙伴知道这是段永平强势回归了，而深知内幕的人才了解，段永平这一步走得有多大胆。因为付给中央电视台的这8000万元广告款几乎是步步高公司当时的全部家底，为了资金及时到位，段永平甚至需要远在俄罗斯的同事立即坐飞机带着现金回国来支援，这一幕只怕拍成电影也是足够精彩的。

4 不一样的“标王”

在电视媒体称雄广告市场的年代，黄金时段的广告费用被不断抬高几乎是必然现象，再加上当时还有中央电视台广告部主任谭希松这样的营销高手推波助澜，于是从1995年之后，每年各路商家不惜重金争夺中央电视台黄金时段，就成了一场精彩的年度大戏。优胜者全部被称为“标王”，其身份和中标价格见表2-1。

表2-1 央视1995年至2006年“标王”统计

年份	企业	中标价格
1995年	孔府宴酒	3079万元
1996年	秦池酒业	6666万元
1997年	秦池酒业	3.211818亿元
1998年	爱多VCD	2.1亿元
1999年	步步高VCD	1.59亿元
2000年	步步高VCD	1.26亿元
2001年	娃哈哈	2211万元
2002年	娃哈哈	2015万元
2003年	熊猫手机	1.0889亿元
2004年	蒙牛乳业	3.1亿元
2005年	宝洁公司	3.85亿元
2006年	宝洁公司	3.94亿元

在这份长达12年、有8家企业的榜单上，活到2022年的只有4家，30多年间“伤亡率”足有50%，可见市场竞争之残酷和惨烈。作为当年的业界精英，这些企业肯定都看到了央视“标王”的巨大推广价

值，可是为什么这么多年来，能够始终从“标王”称号中获益的企业不多呢？在商界，有人认为多数“标王”是在“博傻”，是在为央视打工。这也许可以从1997年到2000年，步步高和爱多的广告大战中初见端倪。而在双方开战之前，市场其实早有伏笔。

1992年4月，安徽现代集团总经理、电子信息技术专家姜万勐前往美国参加国际广播电视技术展览会，在这次展览会上，姜万勐被美国C-CUBE公司展出的MPEG解压缩技术深深吸引。他意识到，可以把图像和声音存储在一张比较小的光盘里的MPEG技术很有潜力，这项技术意味着可以创造出一种物美价廉的视听产品，让老百姓在家里就可以自由观看视听产品。C-CUBE公司的董事长孙燕生恰好是美籍华商，听到他的想法，两人一拍即合，决定将MPEG技术开发为电子消费产品。

随后，姜万勐投资57万美元，研制出了VCD——一种物美价廉的划时代视听产品。1993年12月，姜万勐和孙燕生各取名字中的一个字，并共同投资1700万美元，成立了万燕公司，专门生产万燕VCD影碟机。1994年，万燕公司刚将首批1000台VCD以每台4000～5000元的高价投放市场，就立即被抢购一空。然而，买走这些VCD的不仅有普通消费者，还有各大电子厂家。经历了20世纪80年代末以来各类电子产品市场竞争的厂家，早就明白开发新产品就等于开发新市场的道理。他们听到万燕公司生产出VCD，立刻出动“兵马”，买回来做样机。

万燕公司因为刚加入电子产品市场，没有很强的专利意识，所以就没有申请整机专利，而一旦其他厂商知道，VCD机的关键就在于解码芯片的时候，他们当然不会错过这个风口。于是，当万燕正准备大展宏图之时，国内其他品牌已经风起云涌。1995—1997

年，媒体用“井喷”来形容中国VCD市场的盛况，国内陆续出现了爱多、新科、夏新、万利达、小霸王、金正、先科等20多个VCD品牌。不仅如此，就连电子工业发达的日本和美国都参照万燕公司的产品生产出了各自的VCD产品。

从1996年开始，中国的VCD市场每年以数倍的速度增长，销量从1995年的60万台猛增至1996年的600多万台，1997年甚至超过了1000万台，这就直接引发了“VCD大战”，各大品牌都企图强势占据市场。

这场大战中表现最突出的当数爱多，而爱多的命运则和它的创始人胡志标密不可分。

广东省中山市民众镇沙仔村人胡志标中学毕业后就一直从事修理电视机和变压器的工作，偶然的机会让他把目光放到了VCD上。通过去香港考察和学习，胡志标对VCD市场抱有很大的信心，回到广东后，他就创建了自己的VCD品牌——爱多。创业之初，他怀里只揣了2000元，为了有更充裕的启动资金，胡志标拉上发小陈天南跟他一起干，一人出资2000元，他承诺两人股份平分。

创业之初，做出产品不难，但做产品这一步就已经花光了他们的启动资金，之后批量生产的钱再也拿不出来了。面对窘境，胡志标想出了一个“空手套白狼”的方法：承诺给经销商两倍的利润，但要求经销商先付款。商人的天性就是追求利益，经销商认为有利可图就爽快地答应了。于是，在爱多还未真正挤进市场之前，就已经得到了2000万元的预付款。胡志标既有超强的营销思想，又有敢闯的勇气，他明白想要打开销路，必须先做广告。产品还没做出来，胡志标就先出资买下了《羊城晚报》连续4天、差不多占报纸整版一半的版面。前3天只在上面刊登“爱多”两个大字，吊足了所有人的胃口后，第4天才在版面上对爱多进行了宣传介绍。这一举动让爱多名声大噪、销量飙升，爱多也由此开创了中国第一例悬念营销的经典案例。

刚刚崭露头角就尝到了甜头，胡志标马不停蹄开启了下一波攻势。1996年，胡志标以8200万元拿到了央视《天气预报》后的5秒钟的黄金广告时间（步步高紧随其后），又出价450万元请成龙做代言人，市场立即给了他积极反馈，不仅进一步扩大了爱多的知名度，而且当年爱多创下了2亿元的销售额。

为了巩固爱多的地位，创造更高的收益，胡志标做出了一个决定——执行“阳光行动A计划”营销方案，将爱多VCD直接降价45%，价格控制在2000元以下，这一方案打得其他厂商措手不及。1997年，恰逢香港回归祖国盛事，胡志标巧妙地抓住了噱头，立即发行了一批1997元的VCD。在前期广告营销的基础上，爱多产值飞速攀升，在1997年末达到了惊人的16亿元，比上一年足足翻了8倍！

1997年6月，段永平的步步高公司也设立了AV产品事业部，全力开发影碟机市场，面对市场上众多的竞争对手，段永平当然知道在广告上先声夺人的好处。可是此时，胡志标的爱多不仅在1996年底央视《天气预报》后面的黄金广告位抢了步步高一个先手，还抢先请到了成龙来为爱多代言，成龙一句“爱多VCD，好功夫”，一时响彻全国大江南北。面对对手的步步紧逼，步步高内部有些人慌了手脚，主张不惜一切代价，和对手拼到底。但是段永平保持了一贯的冷静，他深知，商场上不仅要拼表面光鲜的广告，还要拼企业的内在管理和商品的品质，如果在广告这一条战线上就把弹药耗尽了，那不过是一时意气之争，对企业的长远发展没有什么好处。

但大敌当前，不能示弱。于是，段永平剑走偏锋，请了另一位功夫巨星李连杰来为步步高拍摄了一条“步步高，真功夫”的广告，效果同样不错。接着，1997年底，段永平亲赴北京，参加了中央电视台在梅地亚中心举办的招标大会。那一年的央视招标大会场内场外都是一片刀光剑影，堪称精彩。最终，高歌猛进的爱多以2.1亿元的高价拿下了1998年的明标“标王”，媒体界为之震动。其实，梅地亚中心半天以后的另一场暗标竞争是步步高公司以超出对手200万元的价格拿下的，只不过相比2.1亿元的“标王”，人们关注较少罢了。

其实，段永平对电视广告的投放从不局限于“标王”，而是更看重企业产品应该被关注的这个底层逻辑。1997年11月8日是中国长江三峡水利枢纽工程截流的日子，中央电视台当时安排了现场直播，直播期间可以插播一段广告，段永平敏锐地发现这将是一个全国人民都会关注的收视高峰，于是毫不犹豫地派人买下了这段广告的播放权。而中央电视台对于这段广告是按星期天的白天价格收费的，总共只需要50多万元，后来中央电视台意识到这个问题，也只能再多加一条广告而已。后来，当长江截流的直播完成后，有人看了其中的广告，还来问段永平，说长江截流是不是你们赞助的？段永平哭笑不得，直言这个玩笑开大了，长江截流这种事可不是他们那样一家企业赞助得起的。不过，这也从侧面说明，段永平对这段广告时间的运用非常成功。

1998年11月，趁着众多企业家再次进京参加中央电视台广告招标的良好时机，《中国经营报》曾对当时的步步高集团董事长段永平、先科集团负责人黄亚先、金正公司总经理杨明贵、先驱公司总经理韩尚节4位企业家进行了专访，个中内容，足以体现当时的市场经营现状。

记者首先问道："截至1998年10月31日，中央电视台计算企业投放该台的广告总量，排名第一的是步步高，这似乎有点出人意料。"

段永平回答："因为付款最多的是我，我一不小心就成了今年中央台广告第一大户。这一点也出乎我的意料。"

记者又问："成为中央台的广告第一大户之后，你怎样估价自己的实力？"

段永平回答："我不认为我们的企业拥有实力。我们今年在中央台广告投放不过1亿多元。与许多企业相比，这只不过是广告策略的差异。正因为我不认为自己强大，所以我选择集中投放中央电视台。国内有的企业，如广州宝洁公司，他们一年的广告费是十几个亿，但他们选择在地方台投放。"

记者再问："11月8日，中央电视台举行一年一度的广告招标，你们设定明年的投放总量后算出为1.6亿元左右，仍是各企业中最高的。"

段永平笑称："我投标可不是一时冲动，而是事先算计好的，当然也免不了有些意外。《新闻联播》后一季度5秒标版'倒一'的位置，举牌举到2500万元时居然就没人跟我争了，原以为这个位置怎么也要2800万元。我占了点小便宜。"

这时黄亚先说："还不是因为我不跟你争这个一季度标版'倒一'的位置。"

段永平说："2500万元买的这个'倒一'和《天气预报》后A特第一紧紧相连，观众连看两遍步步高广告，有利于加深印象，这绝对算是黄金组合，而我还比拿到正数第一块标版的爱多少花了

1200万元。”

记者追问：“难道你真没想过拿一季度第一？”

段永平说：“谁都知道步步高想要第一条，换句话说，谁都想要第一条。爱多要跟我争，他喊到3500万元，我抬了一下，他们以为我想要，就叫到了3700万元，我却不玩了。但是A特第一块标版被他抬到3700万元，算是报复，没有办法。我记得，三季度金正抬了先科50万元，先科居然就让了，怎么回事？”

黄亚先说：“从来就是金正一抬我就让，步步高也抬过我，你们谁都抬我，这合适吗？”

段永平说：“那是因为我为了跟乐百氏挨着。你们注意到没有？A特段二、三季度的第一、第二总是我或乐百氏，这一条规律如果有人破坏的话就比较惨。我和乐百氏事先立过攻守同盟，以便我随时跟他调换时段。必要的时候，我还可以在A特段做30秒的形象广告。因为乐百氏一、四季度是销售淡季，他不想要这两季广告，所以我们才没同时出现。当然这一条明年就不灵了，要换新招儿。”

黄亚先说：“韩总，还是你幸运，家庭影院行业内没有人跟你争着夺标。”

韩尚节说：“其实你不知道，我倒希望大家一块儿炒起来才好呢，像你们VCD行业那样热闹多好。媒体界和我们相比，谁更会做生意？”

记者咄咄逼人地问道：“从1998年中央台招标的情况看，表现最活跃的仍然是VCD企业，这和1997年时的情况几乎一样。但是，媒体界却曾发表专家看法，说VCD行业快不行了，正在准备大逃亡，还说1998年VCD行业等于给中央台打工了，VCD行业实际上是虚假繁荣。”

段永平不服气地说道："请问谁是有关专家？只有我们才知道VCD有没有钱赚，我们才知道要不要投巨额广告。有一点我始终不太理解，媒体界怎么就那么看不起我们VCD企业，好像我们不会做生意，而他们会，他们老替我们瞎担心、瞎着急。实际上，我们做企业的这些人都是很理智的，除个别人会有某些头脑发热外，行业整体都是理智的。单从这次投标来看，投得最多的还是VCD企业，说明这个产品有市场，大家才都去争。另外，说明1998年大家都挣钱了，有钱去争。"

黄亚先接着说道："还有报道说，VCD降价是为了消化库存、胜利大逃亡。但是，VCD1997年降了价，1998年还在降，而且企业还在打广告，这明摆着不是什么大逃亡。"

记者继续拱火："这里面还有一个声音说是'价格战不能再打了'！"

段永平说道："谁这么叫嚷，我不知道，反正我们从头到尾没叫过，我认为打价格战是正常的，叫也是没有用的。生意场上，你叫人家不打，人家就不打了？什么地方竞争激烈？很简单，就像一个山头打得很激烈，说明那个地方很重要，不重要的地方大家跑去打就没道理。可惜我们的媒体界在这一年当中起了很大的误导作用。VCD 降价是因为什么？是因为竞争。竞争带来成本降低，所以价格降低。企业实际只能去赚合理的利润，让消费者从中得到实惠。"

黄亚先说："实际上，近年VCD的销量一直是上升的，1998年比1997年还要多。"

段永平大声说道："对呀！再说这次投标，不是我段某一个人在那里发神经，而是大家都在投，难道先科、金正都有毛病？这只能说明大家日子过得都不错。广告是旗帜，品质才是入场券。”

记者不怀好意地问道：“广告与品牌的关系十分密切，可看起来先科的广告意识不如步步高。”

黄亚先说道：“我们先科对广告的认识与步步高不太同步。过去，我们一直认为先要有产品，而且产品的质量得有保证，这样品牌自然会立得起来。后来才发觉，在一个新兴行业中，产品想要有知名度，必须进行广告投入，而投放广告的多少绝对与产品知名度相关。现在，先科对广告的重要性有了新的认识，坦白说，最近我们刚从步步高那里学了几招。”

记者继续追问：“似乎有一种趋势，VCD行业的企业正在往功放、家庭影院、彩电、无绳电话等多个产品发展，你们如何看待这种多元化倾向？”

此时，很少说话的杨明贵表示：“多元化这个话题，分明在戳我的痛处了。”

记者追问：“近来，家庭影院的势头挺猛，它会不会取代VCD，成为家电行业的新热点？”

韩尚节说道：“一个人或一个企业不可能将整个市场吃掉。如果这样，只说明这个市场太小。大家一块儿争确实是件好事，比如VCD，若大家都不争，这块市场慢慢就萎缩了。我也觉得，现在家庭影院的市场还是不够热。”

段永平：“如果VCD行业最后只剩下我们三家，那就容易多了，我们可以在野外球场上决定胜负。”

杨明贵笑道：“打高尔夫不公平，下围棋也不行，那是你们的拿手戏，打保龄球决胜负还差不多。”

众人大笑，采访结束。

从这段采访记录中可以看出，段永平对广告营销的作用始终是比较清醒的，并非一定要去争个什么头衔戴戴。

果然在1998年，电视上虽然热热闹闹地按时播放着“标王”爱多VCD的广告，但是，外人并不知道，爱多内部已经出了大问题。这一年，胡志标未经爱多另外两大股东的同意而挪用了爱多集团巨额资金，以及上游零部件的材料款和下游代理商的订货款，私下另外成立了中山市爱多数字视频设备有限公司、中山市爱多音响设备有限公司、广东爱多音像有限公司，并进行了虚假注册。由此，爱多公司内部的纷争迅速表面化，公司丧失了继续发展的内在动力。

而步步高这边，在重视广告宣传的同时，还在1996年10月通过了ISO9002国际质量认证体系，对公司整体从研发、生产、营销到售后都进行了标准化管理。1997年底，当时的电子工业部对中国市场上200余家VCD生产厂家的200余种型号的影碟机进行了全面抽检，结果只有18家VCD生产厂家的13种产品达到了优良品质，步步高VCD就是其中之一。1998年2月，步步高公司的VCD产品荣获国家级优等品质量等级证书，同年，步步高公司在企业内部全面推行了MRPⅡ系统，实现了整个生产流程的电脑化管理，进一步达到了降本、增效、提质的目的。1999年7月，步步高公司又通过了ISO9001国际质量认证体系，产品走向国际化。同时，步步高公司还常年在全国维持一个具有300多家网点的庞大售后服务网络。

在这个基础上，步步高公司连续两年以1.59亿元和1.26亿元夺得中央电视台1999年和2000年的“标王”桂冠，第一次打破了此前三家“标王”企业迅速崛起，又迅速衰落的魔咒。由此可见，“标王”确实是把双刃剑，在善用者手中可以迅速开拓市场，在冒进者手中则容易伤及自身。

5 渐入佳境

许多人对步步高无绳电话的记忆都源于一则广告：

一位精心打扮的“眼镜仔”，手持鲜花、满心欢喜地准备去同女友约会。这时，电话铃骤响，男子拿起话筒一听，表情骤变，声音不耐烦地拖长：“老妈，电话——”片刻，电话铃又响，相同的动作、相同的语气：“小妹，电话——”一次次失望后，当电话铃再次响起时，失望的他干脆直接把电话往空中一抛，可就在这一瞬间，他从来电显示上看到了女友的电话号码，急忙一个飞跃接住了即将落地的话筒。喧闹戛然而止，画面打出核心广告词“来电看得见，步步高来电显示无绳电话”。结尾处，心花怒放的男子满脸讨好地说：“喂，小丽呀～”

一句“喂，小丽呀～”让其貌不扬的扮演者许晓力成了当年的广告红人，也让步步高无绳电话火遍了全国。

1996年3月，步步高电话机厂取得了邮电部第一个有绳电话机“入网许可证”，公司生产的HA007系列有绳电话机通过了广东电子机械工业厅主持的科学技术成果鉴定。同时，步步高无绳电话也在加紧研发中，并最终在这一年的11月，成功亮相中央电视台黄金广告时段。

段永平的广告营销天赋在步步高无绳电话机的广告中再一次显露无遗。那时，步步高公司资金紧张，已经请不起大明星了，他就大胆起用素人，在广告中融入了“无厘头”的搞笑形式，让观众在欢笑中看完广告，在充分意识到无绳电话好处的同时，又记住了步步高的大名，步步高无绳电话首次在央视投放广告就大获成功。此后，只用了两年时间，步步高无绳电话就占据了中国无绳电话市场20%～22%的份额，成为行业老大。

事实上，做无绳电话，步步高也是后来者。国内家电巨头TCL早在1985年就开始做电话机了，中国第一台无绳电话也是TCL潜心研发出来的。1989年，TCL电话的销售就已经形成了规模，产销量都位列全国第一，并且在1994年，TCL还被国务院相关部门授予了“中国电话大王”的称号。

而步步高的成功却让TCL大受打击，毕竟TCL用了近10年，才在电话机行业称王，而步步高后来居上，仅仅用了2年，就抢占了无绳电话的半壁江山， TCL上上下下肯定很难接受这个结果。另外，TCL国际控股此时已经在香港挂牌上市，由于TCL电话机在市场上呈低迷态势，其股市也受到了严重影响。这使TCL必须有所行动。

1999年，步步高拿下央视“标王”，夺得《新闻联播》结束后第一条广告位时，TCL也斥巨资抢下了紧随其后的广告位。2000年4月，步步高无绳电话新的广告片《邮差篇》在央视黄金时段播出，打出的广告词是“步步高无绳电话，方便千万家”。让人没想到的是，TCL的广告也紧随其后，广告词咄咄逼人——“方便谁都做得到，声音清晰更重要”。

面对即将失控的广告大战，步步高先退了一步，主动撤下了自己的广告，同时要求TCL也撤下广告，还表示TCL重拍广告的费用可以由自己承担，双方没必要两败俱伤。但是，让人没想到的是，TCL拒绝撤下广告，甚至表示它们的广告没有问题，步步高如果不满，可以去法院起诉。不够冷静的老板面对这种挑衅，可能都会不计得失，血战到底。可是段永平很冷静，略微思考后，他就判定，做出如此举动的未必是TCL最高层的真实意图，于是，他就直接给

TCL的总裁李东生打了个电话，果然，李东生并不知道此事，也不赞成手下的做法。很快，一场不必要的口水战消弭于无形，双方又回到了良性竞争的轨道。

另一则商场上的故事也可以见证段永平的冷静和本分。

众所周知，段永平对广告的运用可以说是出神入化，无论是早期小霸王时期的“望子成龙小霸王”，还是步步高时期 “真功夫”与“好功夫”的对决；无论是步步高无绳电话中大胆起用素人，还是从小霸王时期开始邀请成龙、李连杰等各路明星代言，他都秉承效果优先的原则。

1999年，步步高公司与功夫巨星李连杰的合约即将到期，同时，影碟机市场也进入了DVD和家庭影院的新时代，为了在DVD和家庭影院市场继续占领领先位置，段永平打算再签约一位重量级巨星来代言步步高的DVD和家庭影院产品。经过对比研究，段永平认为美国动作巨星阿诺德·施瓦辛格是合适的人选。当时的施瓦辛格尚未从政去竞选州长，却已经主演了《终结者1》《终结者2》等一系列大热影片，正是炙手可热、如日中天的时候。

为了达成合作，段永平团队多次赴美与施瓦辛格的经纪团队商谈，最终商定，步步高公司以250万美元拿下施瓦辛格在中国两年的形象使用权，这期间，步步高公司还要花费巨资制作符合步步高DVD与施瓦辛格形象的广告片。可是后来，施瓦辛格的这个步步高DVD广告仅在中央电视台播出了两个月，就由于种种原因被撤下了。按照商业惯例和双方团队谈判的结果，步步高公司其实不用再支付后续的费用，但段永平思考后认为，广告不能播出确实是个遗憾，但错不在对方，虽然对方通情达理，认可了可以不再支付后续费用，可我们不应该只考虑自己的近期损失，而不考虑自己的长期信用，最后，段永平决定，仍然按原合同支付了全部款项，步步高家庭影院和“1+1DVD”的广告则转而邀请了周星驰代言。

由此可以看出，精彩的广告也好，耀眼的“标王”也罢，段永平做广告的目的始终是围绕着企业和产品进行，而不是追求短期的轰动效应。

而所谓的精彩的广告，从效果和创意上讲固然可以灵动而多变，但从企业管理的基础上讲，仍然离不开“本分”和“诚信”。所以，段永平并不是对施瓦辛格这样的大明星才讲诚信，对步步高所有的供货商，他也是一视同仁。他曾在步步高的供应商大会上向所有供货商公布了自己的手机号码，并对在座的供应商表示，现在步步高的规模越来越大，产品越来越多，所用原材料也越来越多，身为CEO的他不可能面面俱到，现在把手机号码公布出来，就是希望所有供应商在面对步步高采购部门有不诚信的行为时，可以直接给他打电话，他一定会秉公办理。让人佩服的是，直到段永平离开步步高集团CEO的岗位，他也没有接到过一次供应商的投诉电话。

由此可见，段永平对企业的管理，看到的是全局，在乎的是长远。他曾在采访中说：“企业的基本功其实是很多的，一句话说不清楚。但从一个产品的角度来说比较容易理解，也就是对一个产品价值链所有的环节都要照顾到。作为一个企业，最重要的是卖产品，所以产品一定要符合消费者的需求，要符合消费者的需求，就必须先去调查消费者，然后你要去做他的市场营销的工作，要做好他的服务工作，你要做好产品的质量，就要回到企业内部来，一环扣一环，你会发现，每一个环节，你要把它做好，都是不容易的。那么，把每一个环节做好的基本能力就是你的基本功。这就是我对企业基本功大致的看法。”

1998年前后，国内外还曾掀起一股豢养电子宠物的风潮。这种最初流行于日本的小小玩具，其实就是一个由电子元件构成的便携游戏机，游戏者要按时给自己的宠物喂食、陪它玩耍、看它长大，一旦“伺候不周”，电子宠物就会“死掉”。由于简单、易行，当时很多大人、孩子都用电子宠物来消磨时光，步步高公司也迅速跟进了这一产品。但是，生产了一段时间后，步步高公司发现，他们出厂的电子宠物数量总是对不上生产线应有的产出量，管理人员怀疑，是那些生产线上的年轻人随手拿走了一些。为此，管理人员给出的对策是，对每个电子宠物生产线上的下班员工进行搜身，确保他们没有私拿产品，才允许下班离岗。这个方案报到段永平那里后，却遭到了段永平的反对，他认为：偷拿产品的毕竟是少数人，现在却要把所有员工当贼看，很难不引起全体员工的反感，而且一旦员工被人搜身当贼看，再说什么“全体员工一家亲”这样的话，就显得非常虚伪和不体面。思考再三，段永平宁可承担所有损失，关闭电子宠物生产线，也不愿对员工搜身。由此可见，段永平在对企业的管理上，不光尊重消费者的需求，也很在意企业内部员工的需求。

从对企业的管理，再倒推到企业的用人策略，段永平曾经表示：自己直接管理的人，其实是不多的，步步高管理人员的选拔主要是从内部、靠绩效考核体系来选拔，并充分授权。一个员工在小事上干出了成绩，就应该给他一个稍大的舞台，他再干出成绩，再换一个大的舞台，如此循环往复，优胜劣汰，自然能让人才脱颖而出。当然，在这当中，也要创造让人学习的机会，如果只输出而不输入，迟早会把一个人耗干。这也是他在企业中提倡终身学习，并引入EMBA课程的原因。

而从企业的用人策略再来看段永平一直倡导的“本分”和“诚实”这些东西，就不会让人觉得是泛泛而谈和老生常谈了。

有一则故事，从中可以看出段永平对“本分”和“诚实”的态度。在早期的步步高VCD产品中，播放清晰度一般是300线，迭代到超级VCD时，就可以做到500线了，这当然是产品宣传的一大卖点。但是，同时期有的VCD厂商却宣称他们的超级VCD能达到播放清晰度800线的水平，并且，将其堂而皇之地印在他们的产品外包装上。步步高公司市场销售部发现这个情况后，很快就向段永平汇报了此事，并且直言这是竞争对手的销售小伎俩，其实他们未必能达到这样的技术水平。面对这种情况，通常而言，无非有两种应对手段：一种是在媒体上揭穿对手的谎言，但是这种做法肯定旷日持久，如果揭露，肯定得罪同行，因为竞争对手可以辩称，他们企业内部测试的播放清晰度就是800线，步步高公司说的800线和他们说的800线不是一回事，以此来混淆视听，还会显得步步高公司格局不高；另一种手段就是步步高也宣称其超级VCD达到了800线的清晰度，反正普通消费者一般也搞不清这些具体的技术指标。

但是如果没有应对手段，结果是显而易见的，消费者看到价格差不多的产品，一个是500线，另一个是800线，自然会去买800线的产品，那步步高公司就会吃大亏。为了解决这个问题，步步高公司专门召开了紧急会议，段永平考虑再三，顶住了下属打舆论战和共同参与“欺骗”消费者两种意见，只同意在自家的产品外包装上印上“大幅度提高清晰度”这句广告语。段永平给出的理由是，与竞争对手打舆论战得不偿失，说不定还没说清楚问题，影音播放产品就已经迭代到下一代去了；共同参与“欺骗”消费者更是不可取，有违公司的“本分”和“诚实”原则。现在，只要说明我们的产品大幅度提高了清晰度就可以了，消费者不是傻子，500线也好，800线也罢，拿出影碟来放一放，他们就会知道区别不大。所以，我们要守住底线，不能看到“骗子”一时得逞了，就觉得自己吃亏了，也跟着去做“骗子”，应该想到，只要时间够长，无论哪种骗子都会现出原形，而一旦被消费者视为骗子，那损失将是不可挽回的。

对于外部消费者以“本分”和“诚实”待之，对于内部员工，段永平也以“本分”和“诚实”待之。在步步高公司的创业初期，大部分追随段永平的员工并没有多少钱，主要靠段永平出资来搭建平台，所以段永平的股权占到了70%，但此后，段永平并没有占着这些股权不放，而是在不断稀释自己的股权，甚至鼓励员工借钱入股。但这个“借钱入股”并不是真的把现金借给员工买公司的股份，而是针对部分骨干管理人员，鼓励他们大胆持有公司股份。具体来说，就是员工通过账面借钱，购买段永平手中的公司股份，但段永平并不需要员工还他现金，而是在公司股份产生股息或者分红之后，再还给段永平。这样一方面大大减轻了员工的负担和顾虑；另一方面最大限度地鼓励了员工和企业同呼吸，共命运，不必段永平喊什么口号，员工自然就会为企业去着想。所以，别人“杯酒释兵权”是释他人的兵权，段永平却通过管理上的授权、股权上的分权，把自己的“兵权”主动释放给了别人。多年以后，当段永平的多位手下大将都能独当一面时，他们和段永平依然保持着真挚的友谊，从未闹出过“逼宫”或者拆台的丑闻。

1999年，步步高公司的三大产品线，即教育电子产品线（包括学生电脑、复读机、点读机等），通信业务产品线（包括无绳电话、音乐手机等）和视听设备产品线（包括VCD、DVD、家庭影院等），都做到了国内销量和影响力前三的成绩。

随后，段永平在这三条产品线的基础上，重新组建了三家公司，将步步高的内功心法开枝散叶，自己只分别持有这三家公司各10%的股份。同年，段永平以其明晰的远见和创新能力，被全球性中文时事周刊《亚洲周刊》评选为亚洲20位商业与金融界“千禧年”行业领袖之一。此时，距离段永平出走小霸王公司，自创新局面不过4年光景。

如果说段永平本人在经营领域没有什么遗憾，那么在旁人看来，其实还是很想看到，更进一步的段永平会怎么样？毕竟，当初的华为也是从仿制通信设备起家的，30多年后已经走到了5G技术的行业领先位置，成了“全村人的希望”。以段永平的才干，他要是继续在实业领域驰骋下去，安知不会成为下一个任正非？而且对于段永平一贯提倡的“敢为天下后”，人们也不是没有微词。

2009年3月，段永平在出席浙江大学MBA论坛时，就有同学貌似随意地问道：“‘敢为天下后’是否有模仿的嫌疑？”段永平何其聪明，自然一听就明白，提问者其实是在对段氏经营哲学提出一种隐隐的批评，因为从游戏机到学习机，再到VCD、DVD、无绳电话等一系列产品，步步高公司都不是首先推出的公司，但这其中涉及的经营哲学其实非常复杂，段永平也在对比自己公司和松下等一些国际知名企业时有过阐述。但在被提问的那一刻，段永平直面问题，回答道：“‘敢为天下后’有模仿，但不等于没有创新。作为企业来说，必须要创新，没有创新就会死在老的产品上。企业的生存能力是取决于它的创新能力的。”这其实就是在表明，段永平所倡导的“敢为天下后”并不是一种经营策略上的滑头，不是等着对手把产品方向探明了，自己才进场，而是体现了一种经营策略上的稳健，这种后发制人的经营策略，实际上更需要在产品品质和差异化上有鲜明的特点，才能在市场获得一席之地，否则，必将难以抵消后来者的劣势。这一点，从后来vivo和OPPO进入手机市场、拼多多进入电商市场、极兔进入物流快递市场，以及这些段氏门徒进入电动汽车市场的动作中，都可以看出。而对于不了解“敢为天下后”这句话后半截“后中争先”的人，段永平也并不强求。

英国文艺复兴时期的散文家、哲学家培根在《习惯论》中说过：“思想决定行为，行为决定习惯，习惯决定性格，性格决定命运。”段永平后来也在雪球网上表示，说自己是个胸无大志的人，没什么理想，不渴望把企业做到世界500 强，也不想打败谁，仅仅希望找到别人需要的东西，然后去满足对方就完了。至于最后能够发展到怎样的程度，并不是他追求的东西，自己平时就喜欢玩玩游戏、下下围棋、打打高尔夫。

对于一个留下了一套公司体系，且至今仍然健康成长的创始人而言，这番表态可能更能凸显他一直强调的“本分”和“诚实”。

6 心法流传

2001年，正值事业巅峰的段永平忽然宣布，他要移居美国与家人团聚。这在外人看来难免有不可思议之感，因为普通的人性总是希望越走越高、永不停歇。于是，很多人就猜测，步步高公司或者段永平是否出了什么问题？段永平是被迫跑路，还是见好就收？他的美国家人真的存在吗？

但正如段永平一贯的表现，他也许会在商战的具体谋略上保持神秘，但在大是大非的问题上，他从来是坚定而又简单的。段永平去美国，真的只是因为他和家人约定的条件已经达成了，他仅仅是履约而已。于是，令段永平放弃“江山”的幕后“美人”也引起了很多人的好奇。

而段永平背后的“美人”名叫刘昕，是段永平在中国人民大学的校友，比段永平小7岁。1988年，段永平在中国人民大学读研究生时，刘昕正在中国人民大学新闻学院就读。两人在中国人民大学校园有无交集，无从考证，但刘昕毕业后的成就足以令人瞩目。

1990年，从中国人民大学毕业的刘昕先是去了《中国青年报》做摄影记者，并且她是当时报社唯一的女性摄影记者。在这个岗位上，刘昕兢兢业业努力工作，并不认为自己是女性，就安心坐在办公室里悠闲度日。因为摄影记者的岗位特性决定了从业者除了要在办公室里查阅资料以外，还必须扛着“长枪短炮”等摄影器材深入基层，直面采访对象，才能有所成就。事实证明，刘昕更在乎的是自己身为摄影记者的身份，她为希望工程拍下的主题作品，一度被中国青少年发展基金会买下来做成了宣传海报。

1993年，刘昕考上了美国俄亥俄大学视觉传播学院的研究生，从此落脚大洋彼岸。从俄亥俄大学毕业后，刘昕入职美国知名媒体《棕榈滩邮报》，并一直干到了首席摄影的位置。她的作品深入人心，具有很大的震撼力，延续了她在中国时的一贯风格并有所发展。作品内容也深受美国摄影界肯定，先后获得过美国南部最佳摄影记者和亚特兰大全美摄影年赛冠军等荣誉。

1998年，刘昕和段永平相遇后，段永平对她展开了猛烈追求。无论是戏言也好，考验也罢，面对段永平的追求，刘昕的最大愿望就是：段永平以后要和她在美国生活。哪怕当时步步高的业务蒸蒸日上，段永平依然欣然答应。这大概是一个男人最大的浪漫了——纵使山河万里，也要相伴左右。

此后没多久，刘昕和段永平就正式结婚了。婚后，刘昕回到美国继续生活，并在有了孩子以后，逐步把生活重心转移到了家庭，段永平则两国奔走，努力兼顾工作和家庭。

2000年，刘昕按照当初的约定，开始为段永平申请美国绿卡。熟悉美国法律的人都知道，美国绿卡每年都有数量限制，具体申请条件也经常变化，外国人，特别是中国人而言并不容易申请，反复十余年无法通过的也大有人在。可是段永平的申请却格外顺利，于是，就有了前面那一幕，对段永平来说是顺理成章，对外界而言却大感意外的出走画面。

几年以后，当段永平在微博上以“闲人”自居的时候，人们发现，离开了段永平的步步高公司并没有衰落，而在手机行业大放异彩的vivo和OPPO，以及后来居上的电商新平台拼多多和快递行业中的另类极兔，都有段永平的影子，他就像一个回归田园的大侠宗师，人虽不在江湖，但内功心法却流传了下来。

先说教育电子产品。1999年步步高公司拆分后，教育电子业务由黄一禾负责，主要经营学习机、复读机等产品。2007年，教育电子部门负责人黄一禾退休后，金志江接过了管理权，继续掌舵东莞步步高教育科技有限公司，算是段永平的直接传人。

金志江也是步步高公司的元老，他当年从西安电子科技大学微电子专业毕业后，就进了当时快速发展的小霸王公司，并深得段永平欣赏，后来，段永平出走小霸王公司，并带走了6名员工，金志江就是其中之一。1997年，步步高公司推出了自己的第一款学生电脑——步步高软驱一号。紧接着1998年又推出了软驱一号的升级版学生电脑——步步高98型学生电脑。这当中就有金志江的汗马功劳。金志江后来对媒体说，他当年有一单业务，是去山西某地的一所学校，用步步高98型学生电脑为学生们搭建一个电脑教室，这对他而言本就是一单普通的业务，但是工作完成后，那所学校的校长却拉着他的手，感慨地说道："我们这个学校的学生都比较困难，他们最多就读到高中，没机会上大学，有了你们这个产品，他们就能练习打字，就有可能在县城谋一份差事。我知道你们的产品卖得比较贵，但你们的产品是积德的，你们要好好做。"这话让金志江深受触动，从此以后再没离开过教育电子行业，但其实行业内的人都知道，教育电子产品市场整体规模并不大，技术门槛不高，产品生命周期也普遍较短，并不是一个容易干的细分领域。

2000年以来，步步高公司的教育电子产品主要推出了电子词典、点读机与家教机三大类产品，每一类产品都起码推出过2个以上的迭代版本，家教机的版本甚至达到7个。型号内容虽多，但在金志江眼里，步步高公司的教育电子产品矩阵却有着清晰的开发脉络。他说："虽然我们的产品品类多，但在每一个阶段，我们只做一个产品。”这当中，可以说就有段永平保持焦点、突出重点的产品经营心法。

在2008年之前，金志江团队就萌生了想要打造一个区别于步步高的、调性活泼的品牌，经过考察，他看上了小天才这个商标。但是当时的商标持有人不想出卖，就算是金志江出到了300万元的高价也不卖。不过2008年全球金融危机发生后，有第三方机构告诉金志江，现在只要30万元就可以得到小天才商标，金志江欣然签约后，过了一段时间才知道，原来是商标持有人暂时遇到了困难，才让第三方机构钻了空子。于是，在商标转让手续完成后，金志江又派人去找到当初的商标持有人，补给了他270万元，并告诉他，他的品牌在步步高公司眼中还是值300万元。

这个故事和当初段永平补给施瓦辛格广告代言费的故事有异曲同工之妙，反映出段永平的“本分”思想确实得到了手下人的认可。

2011年，东莞步步高教育科技有限公司的控股公司广东小天才科技有限公司正式推出了智能产品品牌小天才，专注于打造高品质的潮流儿童智能产品。早期小天才做的是早教机和儿童平板，截至2014年，小天才的累计销量只停留在200万台。金志江用“熬了几年”来形容那段摸索的日子，但也认为这是公司的必经之路。他说：“我们的策略很清楚，在没有碰到大品类之前，绝不追求销量。从过往20年来看，一个企业要做大、要健康发展的话，一定要打好基本功，要有耐心。”

金志江做电话手表，贯行的也是段永平“敢为天下后”的主张。自2013年起，全球可穿戴设备行业就已经开始兴起了，国内也已经有多款儿童手表产品问世。但金志江没有马上进军电话手表市场，而是与团队一起观望、分析市场，调研市场上既有儿童手表产品的数据与消费者满意度，直到确认品类前景与行业需求后，才在2015年全力杀入市场。时间来到2022年，小天才已经占据了儿童手表市场的半壁江山。对很多成年人而言，可能不了解小天才电话手表，但在儿童的世界里，小天才电话手表就是他们的苹果手机，这个世界只有小天才电话手表和其他电话手表两种品牌。

小天才电话手表能取得成功有两个重要因素：一是广告营销，二是产品质量。

在广告营销方面，金志江也得到了段永平的真传。小天才电话手表的广告歌是：

不论你在哪里，一个电话，马上能找到你，喂

马上能找到你，喂

不论你在哪里，一个电话，马上能找到你，喂

能打电话的手表哦，小天才电话手表

每时每刻和你在一起

记住哦，小天才电话手表，喂

这首广告歌和当年小霸王学习机的《拍手歌》一样脍炙人口。小天才推出电话手表时，正值湖南卫视真人秀《爸爸去哪儿》热播，跳水运动员田亮的女儿田雨橙（森蝶）和模特张亮的儿子张悦轩（天天）的形象与小天才电话手表的营销对象高度契合，小天才果断抓住时机，邀请两位小朋友拍摄了此广告。这则广告一经播出，小天才电话手表直接卖到缺货。

当时，市场上小天才电话手表普遍缺货，人们都以为是饥饿营销，但实际上是金志江发现产品中的软件有一个小bug（缺陷），这个bug会造成产品莫名其妙死机，虽然概率只有千分之一点五，但为了修正这个bug，金志江还是紧急叫停了产品上市程序，使产

品上市时间延后了将近两个月，并导致公司销售终端在面对消费者时，承受了巨大的压力。但是他宁可选择承受损失，也要把这个问题解决了再发货。从中可以看出，从段永平到金志江，对产品质量都一以贯之地重视；从中可以明白，为什么舆论界将他们称为营销天才时，他们自己却并不认为自己的营销手段有什么了不起的。

除了营销广告和产品质量以外，金志江和段永平一样，非常重视营销渠道，他在全国铺设了1.8万个销售终端，为消费者提供了全面、优质的服务。凭借着对段永平经营理念的继承精神，金志江在教育电子产品领域扛住了压力，延续了辉煌。他和段永平都喜欢说的一句话是：“第一要做对的事情，第二要把事情做对。”

再说vivo。这个品牌直接来源于步步高公司通信业务板块，公司掌舵人叫沈炜。而沈炜也是从小霸王公司时代就开始追随段永平的。据说，沈炜原是小霸王公司生产一线的普通员工，后来能够独当一面，其个人能力可见一斑。

步步高公司通信部门在无绳电话时代就做得很出色，进入手机领域几乎是顺理成章的事情。2004年5月，步步高第一款手机凌锐 LR007上市，当时步步高还没有自己的牌照，使用的牌照是天时达的，芯片由世界三大芯片制造商之一的德国英飞凌公司生产和提供，由于不支持GPRS，在市场中并没有掀起太大波澜。2005年后，中国信息产业部改革了手机牌照生产制度，改为核准制，当年9月，步步高和华为、夏新、长虹等企业一起，正式以自己的品牌进入了手机市场。

秉持差异化、品质化的一贯作风，步步高手机主打音乐功能，推出过青花瓷系列、紫晶系列、卡布奇诺系列和蒲公英系列等手机，并请来韩国巨星宋慧乔拍摄广告，通过大量投放电视广告，在功能机时代获得了自己的立足之地。但是，2007年美国苹果公司的初代iPhone智能手机发布后，手机市场的风潮改变了。作为善于跟风并完善产品的段永平的徒弟，沈炜不会观察不到。但为了消除消费者的固有成见，也为了新产品顺利走向世界，沈炜于2009年注册了vivo这个新品牌，并于第二年成立了维沃移动通信有限公司。根据西方史书记载，公元前后的古罗马帝国时期，罗马公民在向恺撒、屋大维等罗马英雄欢呼时，就会发出“vivo，vivo”的欢呼声，后来就成为意大利半岛上人们对心仪人物欢呼的传统。沈炜以vivo为新品牌命名，其喜悦、开放的心态一目了然。

vivo做好了这些前期准备之后，2011年4月，vivo正式推出了首款智能手机 vivo V1，主打的也是音乐功能。2012年，vivo发布了旗下第二款智能手机vivo x1，主打Hi-Fi（High-Fidelity的缩写，直译为“高保真”，意思是与原来的声音高度相似的重放声音，即将无损音源原有的音质尽可能地呈现出来，达到最好的保真效果）功能，同时，6.55毫米的机身厚度也是当时世界上最薄的手机。2013年，vivo发布了世界首款搭载2k分辨率屏幕的手机——vivo Xplay3S。

2014年，vivo开始大举进入国际市场，包括印度、泰国、缅甸、马来西亚、印度尼西亚、越南和菲律宾等多个国家，此举可以看作是中国三、四线市场的延续。2018年，vivo全球首发了搭载屏下指纹识别技术的vivo x20 Plus，汇聚了零界全面屏、全屏幕发声、屏下指纹、升降式摄像头等众多黑科技，一时广受市场追捧。

2019年，vivo发布了全新子品牌IQOO。此举也是为了进一步细分vivo的市场形象。因为vivo自上市以来，总有人戏称其为“厂妹机”，说其是高价低配，所以IQOO打出的口号就针锋相对为“生而强悍”，但vivo和IQOO系列手机在公司内部实行的是统一推送适配。从2019年到2022年，IQOO已经发布了IQOO Neo、IQOO 3、IQOO 5、IQOO 7、IQOO 8、IQOO 9等系列手机，与vivo品牌一起构成了强大的产品矩阵。

在品牌宣发方面，早在2012年，vivo就曾冠名江苏卫视跨年演唱会；2015年，vivo又与宝马、可口可乐等知名公司一起成为首批微信朋友圈合作的广告主；同年，vivo全程冠名“2015苏迪曼杯羽毛球锦标赛”；另外据不完全统计，vivo历年冠名和赞助过的综艺节目有《快乐大本营》《我们十七岁》《我们的挑战》《火星情报局》等一系列节目，在没有了“标王”的时代，把品牌知名度和这些传播广泛的综艺节目深度捆绑，可以说是深得段永平的真传。

沈炜在谈到vivo的企业文化时，关于不忘本，关于企业要健康、长久地发展，关于坚持长期主义、保持平常心的论述，也让人有似曾相识的感受。

根据国际数据公司（IDC）发布的2021年中国智能手机市场跟踪报告，vivo当年的出货量足有7100万台，市场份额占比21.5%，位列国内第一。这一成绩其实从2019年的国际数据公司的数据就可以看出端倪，当年vivo全年全球出货量1.101亿台，全球市场份额占比8%，虽然略逊于华为和小米，但在国内中高端手机市场中，vivo已经是仅次于华为和小米的品牌。到了2020年，vivo全年全球出货量达1.117亿台，全球市场份额占比上升到8.6%，在国内市场，vivo凭着5756万台出货量和17.7%的市场份额，首次荣登智能手机销量冠军宝座。

而且，根据不同的市场调查机构的榜单和数据，2019—2022年，除了华为由于特殊原因导致手机销量大幅下滑以外，小米、荣耀、vivo和OPPO的手机销量时常处于相互领先的胶着状态。但不管从哪份榜单的数据出发，说vivo已经是中国乃至世界的一线手机品牌都是没有问题的。

至于OPPO，其创始人陈明永也是在段永平经营小霸王公司时期就跟随他的“老人”。不过陈明永的起点相对较高。1992年，陈明永从浙江大学信息与电子工程系物理电子技术专业毕业后，在小霸王公司实习期间就受到段永平的青睐，很快升为助理经理，先后主管过小霸王公司的采购、生产、品控以及整个生产系统。1999年，段永平拆分步步高公司时，本来陈明永主管的是试听设备业务板块，当初步步高为了做大做强视听设备，还曾投入巨资研究生产液晶电视的可能性，但经过仔细分析，公司团队认为液晶电视将来的成长十分有限，于是陈明永就主动砍掉了这个项目。

在市场面前，无论段永平还是他的继任者，步步高系的高层管理者都对市场保持着基本的敬畏之心。和外界认为的步步高心法无往不胜相反，其实步步高系的产品也曾经败走麦城，最具代表性的就是步步高小家电系列。2008年，因为看好当时的小家电市场，步步高曾重金布局小家电，生产出步步高豆浆机、电磁炉、电压力锅、电热水壶等系列产品，并密集地在央视和其他媒体上进行强有力的广告宣传，同时广泛绑定经销商，进行线下销售。不过，小家电市场自有其市场逻辑，在九阳、美的、苏泊尔等传统优势家电企业的势力范围内，步步高的产品优势和差异化并不明显，同时长期和步步高合作的经销商对小家电的销售也不熟悉，所以，步步高兵败小家电市场几无悬念。但难能可贵的是，步步高公司看清楚形势后，能够及时止损，不再恋战，也不因为遭遇了一次滑铁卢式的失败，就不敢在市场上多做尝试。

陈明永在看到视听设备市场的成长前景十分有限后，就转向了OPPO品牌的经营。而这个OPPO品牌当初也是步步高公司为了经营液晶电视等产品而准备的，只不过后来被陈明永买断，另外成立了OPPO广东移动通信有限公司。关于品牌的来历，据说是通过专业公司大量测试后，公司团队才确信“OPPO”这个发音在全球各地都没有歧义，还很俏皮，但后来在印尼市场上，却和当地爪哇语Opo（译为“什么”）撞车了，一时之间被当地人编成了不少段子，也算是吸引了不少眼球。

不过，仅从品牌角度来看，OPPO品牌归属陈明永后，就算是脱离了步步高系的企业，段永平在OPPO公司也只是占有了一定的股份，但这并不影响OPPO公司持续运用段永平的经营心法。

2003年，OPPO广东移动通信有限公司成立后，第二年就推出了自己的首款MP3——OPPO X3，随后发布的X9型MP3，被誉为国产MP3的经典之作。2006年，OPPO继续推出MP4、耳机等音频产品，成为全球知名的Hi-Fi公司之一。不过，随着时间的推移，专用音频产品已经越来越式微，手机成为整合众多随身设备的最佳载体。陈明永也看到了这个趋势。为此，他曾到著名的电子产品集散市场深圳华强北去一探究竟，却未能找到自己心仪的手机类型。作为一个师承段永平的优秀产品经理，陈明永意识到这里面有巨大的商机。

经过充分准备后，2008年OPPO正式进入了手机市场，首批发布的Real系列产品中，A100型功能机创下了单机销售500万台的记录。2009年，OPPO手机Ulike系列面世，再次成为现象级产品。2011年，OPPO发布了全键盘智能手机X903，标志着OPPO从此进入智能机领域。而在这一转型过程中，OPPO公司面对仓库中积压的功能手机，宁可自己承担损失，也不转嫁给广大代理商，这一本分、厚道的行为，使OPPO聚集起大量的忠实代理商。

2012年后，OPPO继续深挖智能手机的细分领域，在机身厚度、拍照质量、摄像头形态、快速充电技术等方面均有所突破，R系列、N系列等产品体系均有相对应的目标人群。而在产品营销方面，OPPO也从不缺乏创意和大手笔，2009年时，就曾独家冠名湖南卫视的热门栏目《快乐大本营》，2011年，签约好莱坞巨星莱昂纳多·迪卡普里奥为OPPO手机代言，此外，冠名各大卫视的跨年演唱会、赞助各类热门综艺节目、携手各类明星做创意十足的代言和广告都是OPPO团队的拿手好戏。这些都为OPPO聚集了大量的目标客户。

2020年，OPPO官方数据显示，OPPO手机的全球月活跃用户已经超过了3.5亿，也就是说，全球每30人中大概就有1名OPPO手机用户。

截至2022年，国内公认的手机四大品牌为“华、米、O、v”。华为因为在中美贸易摩擦中首当其冲，所以备受关注；小米因为高调宣布要进入电动汽车领域，所以也令人翘首期盼；剩下的OPPO和vivo除了销量喜人以外，好像还在安卓操作系统加高通芯片构成的壁垒里面打转，难以有所突破。这似乎也是段永平系企业的一个最大短板——难以做出开创性的研发。

其实，段永平是因为过早离开经营领域，所以在这方面留下了悬念，不过他的后续企业必然还是会走上研发的道路。2021年12月，vivo原系统OriginOS Ocean版本就已经正式发布了，拥有全新的锁屏、备忘录、原子播放器等功能。2022年4月，vivo还对外公开了其自主开发的电动汽车自动驾驶方法、车载装置、移动装置和车载电子设备专利等技术。这一消息引发了外界的丰富联想，众多市场观察家都认为，相比于小米和华为早早就宣布要进入电动汽车市场，继承了段永平“低调”血脉的vivo在默默布局，也毫不奇怪。2022年9月，国内排名第三的动力电池生产商中创新航在香港开启了IPO（首次公开募股）招股，vivo赫然位列中创新航15位基石投资者之中，投资额达1亿美元。联想到“段氏经营心法”中“敢为天下后”的下一句“后中争先”，可以肯定，大洋彼岸的段永平绝不会像媒体人一样对vivo的下一步动作感到惊奇。

OPPO也不遑多让，2013年，OPPO基于安卓系统独自开发的ColorOS 1.0系统正式发布，到2021年时，此系统已更新到第11代，全球用户超过4.6亿。2021年12月，OPPO在深圳举办的第三届OPPO未来科技大会上，还公布了首个自研的6纳米影像NPU芯片。同年，OPPO公司的内部资料显示，OPPO未来有一个在软件开发、云及芯片方向全面发力的“马里亚纳计划”。而据2020年国家知识产权局的数据显示，OPPO以3578件专利申请位列全球企业申请人第二，在欧洲则以715件专利申请位列中国专利权人第二、全球前二十。这些迹象表明，安卓系统和高通芯片构成的壁垒，未必就能永远困住vivo和OPPO。而且不管是造VCD、造手机还是造车，段系企业可能不会早到，但绝不会不到。

由此看来，段永平曾在不同场合表示过的“苹果无法在中国战胜我们”，内涵非常丰富。这里面既有外在产品无法战胜我们，也有经营心法无法战胜我们的多重含义，他虽然离开了企业经营领域，但他细心选品、后发制人、重视差异化、营销有技巧、品质有保障、与代理商共赢等企业经营手段和心法依然在开枝散叶，不断取得成果。从另一个角度来说，小天才、vivo和OPPO的成就，或许也算是段永平经营心法的延续成果。

7 再传弟子

除了小天才、vivo和OPPO以外，近年市场上还有一个品牌和段永平关系匪浅，但这个品牌不是做电子产品的，而是短短两年就把国内快递市场搅得要重新洗牌的快递企业——极兔。

极兔的创始人叫李杰，1967年生于四川，1998年毕业于北京科技大学经管学院营销专业，入职之初在南京的一家商场做步步高的产品推销员，因业绩突出，2002年被安徽步步高看中，招至麾下，这才真正进入步步高公司，并担任音频事业部经理。作为步步高公司的中层管理者，李杰未必能常常见到段永平，受其耳提面命，但步步高公司的段氏经营法，李杰必然是深刻学习过的。此后几年，凭着优良的销售业绩，李杰一路做到了步步高的江苏省销售经理，据说他年年都是步步高公司的销售冠军，深得器重。

2008年，陈明永带着OPPO品牌进入手机市场后，李杰作为一员干将也被陈明永带到了OPPO，并被任命为OPPO苏皖地区总经理。在新的岗位上，李杰不负众望，其所带团队连续几年都是OPPO公司的地区销售冠军，为新品牌OPPO的发展壮大立下了汗马功劳。而李杰更是“仕而优则学”，总结出从区域销售经理，到销售执行经理，再到督导，最后到基层导购的三级分销体系，体现出李杰的杰出个人能力也渐渐上升到了理论水平。

既有实际工作能力，又有理论水平的李杰很快又被委以了重任。在当时OPPO的销售版图中，地处华夏版图西方的甘肃和新疆一直是OPPO手机销售的难点地区，很多在沿海和东部地区行之有效的销售手段在这两个地区都收效甚微，这虽然和甘肃与新疆本地的经济发展水平和特殊的人文环境有关，但OPPO管理层不愿意像其他公司那样，把甘肃和新疆当作无关紧要的销售地区，他们秉持着段永平在步步高公司建立的规矩，无比重视线下销售渠道，要在每一条河流、小溪中，都淘出货真价实的金沙。

李杰到任后，果然不同凡响，上任次月就让OPPO手机在这两个地区的销量有了明显上升。据说，李杰针对本地很多不能熟练使用智能手机的用户进行了专门的调研，然后有针对性地对线下门店的销售员进行了专门培训。此后，销售员面对客户时，不是像沿海和东部地区那样，向一进门的客户背诵OPPO手机的性能数据，夸耀自家手机的先进性，而是手把手地耐心教授客户智能手机的各种操作功能，细心地帮他们下载各种实用App，使他们还没有走出门店，就可以和远方工作与求学的子女面对面联系上，也使他们大大减少了去银行或者市政部门排队办事的次数。可以说，这种直接手把手教客户的销售手法大大提升了客户的体验感，让很多客户转眼就抛弃了手中的功能机。这一套直击客户痛点的产品销售学，在段永平系企业中，从小霸王学习机到小天才电话手表，再到OPPO手机，都屡见不鲜。

把甘肃和新疆打造成OPPO手机的掘金沃土之后，李杰的能力更是得到了公司上下的认可。到了2013年，OPPO准备下大力气开辟东南亚的印尼手机市场，李杰自然就又成为最合适的人选。而李杰也完全具备段永平再传弟子的“闯将”精神，不以地域为限，勇于接受挑战。

据说，李杰对于开辟印尼市场一事也很兴奋，拿到护照后的第三天，就乘飞机到达了印尼。那时，他是英语不会，印尼语也不会，带着一个翻译就开始在印尼的大街小巷打探本地的市场情况。

好像一个孤军深入敌营，还满怀获胜希望的将军。

此后，办事高效的李杰就一边向当地政府递交资料，一边调研市场，建设OPPO在印尼本地的总部。当时的印尼手机市场就好比是几年前的中国手机市场，正在从功能机向智能机的方向转变，好多本地人依然把智能手机当作非常高端的产品，基本只认识苹果、三星等几个少数大品牌。

这样的市场形势，如果操作得当，自然可以打开市场的大门；如果操作不当，也完全可能被当地人拒之门外。好在李杰当时已经是一个在步步高公司和OPPO公司中都充分得到历练的大将，以段永平一脉传下来的经营心法来看，这样的空白市场千万不能一开始就走低端路线，那样看似节约了宣发费用，但是一旦让消费者形成了针对品牌的刻板印象，就难以改变了。于是，李杰再次使出了段永平的经营心法，不惜代价请印尼的当红明星做OPPO手机的代言人，还在印尼各大城市的主要商业区设立高端大气的OPPO手机门店，并逐步设立售后服务中心和手机生产工厂。

这一套段氏组合拳打下来，OPPO手机在印尼当地人心中留下了良好的印象，当年就打开了销路。在他们看来，既然那些当红大明星都肯用OPPO手机，说明OPPO手机的品质应该不比美国和日韩的品牌差。而高端OPPO手机树立起形象后，中低端型号的OPPO手机自然也就很容易被当地人接受了。这也是段永平以往所强调的舍得花钱才能省钱的思路。

短短两年后，到2015年，OPPO手机在印尼的手机市场上已经占到了20%的份额，位列各种品牌第二；到2020年，则占到了市场份额的27.4%，成为印尼手机市场上的佼佼者。

基于李杰的杰出贡献，OPPO公司后来专门设立了一个“李杰奖”，用来奖励在销售上有突出贡献的工作人员。

“李杰奖”是不是由李杰来颁发，外人不得而知，但李杰显然也和段永平一样，不会自满于任何一级台阶。

2015年，在印尼OPPO手机的新品发布会上，李杰宣布，自己将卸任OPPO印尼公司首席执行官的职务，投身于另一项事业。这一消息令众人错愕，难以相信功成名就的李杰会放下一切重新开始，当时也有人猜测，也许是OPPO的竞争对手用难以拒绝的条件挖走了李杰这个杰出的人才。不过当年8月，答案揭晓，原来李杰又带领团队，在印尼组建了一个名叫“J&T Express”的快递公司。

从手机行业跨进快递行业，貌似风马牛不相及，但在李杰看来却是顺理成章。原来，自从李杰开始在印尼和整个东南亚做手机以来，当地糟糕的物流状况就成为李杰长期以来的噩梦。和当时中国便捷、高效的物流相比，整个东南亚地区的物流几乎处在“史前时代”，只有一家类似美国联邦快递的物流公司在做快递，不过这家在当地一家独霸的快递企业因为缺少有力的竞争对手，快件丢失、快件拖延等种种情况层出不穷，这自然也严重影响了OPPO手机的线上销售和门店之间备品备件的调配。而李杰作为一个出色的职业经理人和“守边大将”，断不能容忍当地不合格的物流，断送掉自己“开疆拓土”的功业。

于是，李杰开始组建团队，解决自家OPPO手机的运输问题。很快，高效、便捷的李杰运输团队就引起了同行和一些合作伙伴的注意，他们同样“苦东南亚物流久矣”，就从偶尔请李杰运输团队帮忙带货，渐渐演变为愿意花钱请李杰的运输团队一直给他们带货。

这不就是现成的行业商机吗？李杰敏锐地发现了这一点。经过一番考虑和调研，李杰在当地找了一个合伙人，然后找到了包括段永平和陈明永在内的一系列投资人，很快就在印尼搭建起了J&T Express快递公司。其中，J&T象征着 Jet（喷气式飞机）和 Timely（及时）、Technology（科技），Express是快递的意思。公司官网明确写着，本公司信奉的核心价值是“本分、分享、服务、责任、结果导向”，看上去颇有些似曾相识的感觉。

在李杰看来，他在东南亚转做快递行业，和段永平到美国后转做投资，几乎是一样顺理成章的。段永平以一个成功实业家的眼光发现值得投资的企业，李杰也以优秀职业经理人的眼光，发现了一片不亚于手机行业的蓝海。

依托于OPPO已经遍布印尼和东南亚的手机销售网点，李杰的快递公司顺藤摸瓜、借鸡生蛋，顺利地搭建起自己的运输网络；此外，借鉴国内现有的快递行业经验，把“上门取件”“24小时客服”“邮件沿途追踪”这些有效经验和管理措施平移过来，也不难获得东南亚客户的好评，这当中，最困难的也许就是公司经营必须符合当地的法律要求，不要因为动了别人的奶酪而被别人围剿。不过，因为OPPO印尼公司已经在当地运营了两年，早已熟悉当地的营商环境，所以在这方面，并不算是毫无准备地闯入一个未知领域。而且，以段永平系企业家之间的关系来看，他们虽然相互之间并没有严格的隶属关系，但是基于共同的经营理念和做人标准，他们也不会限制李杰的发展，反而会鼓励他去另立门户，以期日后相互之间能有更大的支持。

有眼光，有能力，又不乏背后大佬支持的李杰，很快就带领着他的J&T Express在东南亚的土壤中茁壮成长起来。2016年，J&T Express顺利地与印尼当地的最大电商平台签下了合作协议，2017

年，J&T Express在印尼的收件量就突破了每天30万件，位列印尼快递公司第二。同年，李杰开始进军越南、马来西亚等其他东南亚国家。到2021年，李杰的J&T Express已经把公司业务覆盖了整个东南亚，建立了4500多个自营网点和1000多个加盟网点，配套的还有3500多辆自有车辆、100多台自动分拣设备和100多家大型转运中心，已经是东南亚地区的主要快递企业。

不过，月有阴晴圆缺，人有旦夕祸福。虽然短短几年间，李杰就在东南亚完成了从“开边大将”到“一方诸侯”的转变，但是并非没有隐忧，这种隐忧一方面来自东南亚快递市场的上升空间已经不大；另一方面来自2018年后，中国国内快递企业对东南亚的“远征”。

中国改革开放后形成的快递行业，除了国企中国邮政以外，民营快递公司以“三通一达”、顺丰和京东物流为代表。“三通”是指申通快递、圆通快递、中通快递；“一达”是指韵达快递；顺丰则是指顺丰快递；京东物流顾名思义，自然是属于京东系的物流企业。其中，“三通一达”有复杂的内在关系，算是系出同源，但内部没有段永平那样的精神领袖；顺丰则主要以直营手段，巩固了自身的护城河和利润空间。这些民营快递公司在国内发展到一定程度后，也开始乘着国家“一带一路”倡议的东风，往东南亚快递市场渗透。

面对这批强劲的竞争对手，李杰这样的“一方诸侯”并不担心，而反向开启了“进军中原”的脚步。早在2018年时，李杰就在中国深圳成立了云路供应链科技公司，还给J&T Express取了个中文名字“极兔快递”，这个中文名字既表达出快递业对速度的要求，也暗合了网络上对表面示弱、实则强大的兔子形象的一种自诩。

果然，2019年，极兔一出手就不同凡响，以百亿资金收购了一直亏损的龙邦快递，顺利解决了极兔在中国的从业资格问题，然后，就和电商新势力拼多多紧密联合，接收了这个段系相关企业的大量订单。虽然黄峥后来说过，并没有投资过极兔，但极兔一段时间以来，90%的快递订单来自拼多多，足以说明段系相关企业之间的支持，无须多言。

不过除了背靠拼多多这棵大树以外，极兔在国内快递市场的触角还在向各个方向延伸，其中，价格战、补贴战就是令竞争对手胆寒的杀招。2020年，别的快递公司如果1元接单，极兔就敢0.9元接单，但在这种短兵相接的交手下，极兔曾几度被邮政部门处罚，申通、圆通等快递企业也明确禁止旗下的加盟商为极兔收件和派件。

其实，价格战和补贴战一直是成熟企业的大忌，段永平在做VCD等视听产品的时候就明确表示过，他不打价格战，他更愿意在产品质量和售后服务上满足消费者的需求。而极兔在打价格战的同时，不光得罪了同行，也在快速消耗自己的资金。

那极兔为什么还要打价格战呢？这是因为，快递业有其自身的特点。在技术手段和经营思路相差不大的情况下，快递业本质上依然是一个依靠规模效益的人力密集型行业。为了早日突出重围，在国内市场获得一席之地，在东南亚市场都没有打价格战的极兔只能用这种超常规手段来博一把。

事实证明，极兔的价格战也不是没有效果。当初，2002年成立的中通快递把每日快递量做到2000万单足足用了16年，而极兔只用了10个月。从这个角度来讲，极兔的价格战暂时为之也情有可原，因为从规模效益上看，这样烧钱其实是一种省钱、省时间的行为。

2021年10月，极兔和百世集团达成了战略协议，宣布以68亿元人民币收购其旗下的快递业务，由此，极兔在中国快递业中从一个新生儿变成了一股不可忽视的力量。与此同时，极兔也开始转变打法，从自营为主、加盟为辅的经营模式转变为全面开放加盟的模式，并在全国打造了77个转运中心，投入了超过1300套自动摆轮设备、500套DWS智能扫描设备，以及350多组自动化矩阵，力争用高效、智能的分拣体系，缩短快件的中转时长。相信这些加盟商一旦开始赚钱后，也会有很多人成为像步步高经销商那样的多年合作伙伴。

除了在国内全面铺设网点以外，2019年之后的新冠肺炎疫情也让国际物流行业得到了一段特别的机遇。极兔抓住了这个机会。2021年1月，极兔国际正式成立，3月，极兔首架货机进入公司序列。2022年1—6月，极兔又密集开通了中东的阿联酋、沙特阿拉伯网点，北非埃及网点，南美墨西哥、巴西等国网点，一张超越东南亚和中国，遍布全球的快递网络，正在极兔手中实现。

而除了极兔李杰以外，段永平的另一个再传弟子也值得说一说，他就是开创了一加手机的刘作虎。

刘作虎，湖北汉川人，1998年毕业于浙江大学应用电子技术专业，身为段永平和陈明永的浙大校友，是否一入职步步高公司就受到高层校友的另眼相看，外人不得而知，但刘作虎在步步高干得不错是显而易见的。之后他跟着陈明永转战OPPO公司，绝对属于段氏一脉的嫡系。5年后，业绩突出的刘作虎就做到了OPPO公司开发部部长的位置，这也为他后来打造极具特色的一加手机埋下了伏笔。

2006年，刘作虎也以“开边大将”的身份被派往美国开拓OPPO影音设备的市场。在美国这种资本主义的顶级市场氛围内，刘作虎在缺乏线下销售渠道来推广产品和维护产品的情况下，创造性地打破步步高系企业的常规，以线上论坛交流的形式，把不断迭代的OPPO影音产品持续介绍给美国用户，并根据美国用户的特殊需求，不断改进产品，使OPPO的蓝光播放机连续两年被美国《消费者报告》杂志评为“最高评价播放器”。这一成绩，把刘作虎送上了OPPO蓝光事业部总经理的位子。此时，距离他出征美国市场也不过两年。

2012年，刘作虎以出色的研发和销售成绩，接手了OPPO公司的整个销售系统，继续验证了自己在美国那套做法的可行之处，其间他主导的OPPO Find 5、OPPO N1等型号手机的销售，都取得了很好的成绩。

如此人才，肯定需要更大的舞台，2013年11月，刘作虎离开OPPO公司。同年12月，刘作虎宣布创立一加科技，比极兔的李杰更早成为“一方诸侯”。在一加的官网上，如是介绍说：“一”（One）代表“现状”；“加”（Plus）代表超越现状，突破极限的愿望。一加的企业愿景有“不追逐短期利益和表面繁荣，以企业健康长久的发展为第一原则”的内容，这又让我们看到了一丝熟悉的段氏企业思想。

2014年4月，一加首款旗舰手机一加1问世，这款软硬件配置优异、手感独特、设计新颖、品质优良的手机，一上市就受到了消费者的追捧。同年7月发布的一加竹质版限量手机，更是让人眼前一亮。随后一加发布的系列手机，使一加品牌在高端手机领域占据了一席之地。

而当众人都以为一加会越走越远时，2020年8月，一加创始人刘作虎又传出消息说将回归OPPO，成为OPPO母公司欧加控股的高级副总裁和公司产品线的总负责人。人们这才发现，原来一加手机之所以能够成长得如此迅速，是因为有OPPO生产线的代工生产和供应链支持。一加说自己是OPPO的独立子品牌，确实是做到了独立和子品牌两个属性。

这里又不得不说一说OPPO的另一个独立子品牌realme（真我）。realme是OPPO前副总裁李炳忠于2018年5月在印度成立的一个手机品牌，在此之前，他也和刘作虎、李杰一样，宣布过离开OPPO、自建门户的决心。

realme手机自成立以来，以极致的性价比和一系列青春、动感的手机设计，抓住了大批海外用户的心，先后在印度和东南亚市场上多次创造销量奇迹，还在欧洲西班牙、英国、波兰、意大利等国和澳大利亚市场上获得过“最佳入门手机”等称号，同时，realme手机还挟海外获胜的余威，反向杀入中国市场，多次在京东、天猫、苏宁易购等电商平台斩获手机单品销量冠军，颇有些极兔从海外回归后的生猛表现。

有媒体计算过，若是把vivo、OPPO、一加、realme这些品牌的手机出货量加起来，段系企业手机早已做到了全球第一，但是，仅以手机看待当初段永平的布局，又略显得格局不够，因为极兔和拼多多的后来居上又何尝不是段氏经营思想的胜利，而且当初OPPO没做成的电视机产业，一加和realme也做起来了。

所以，段永平孵化品牌，并帮助其成长和竞争的心法，其实也是在不断发扬光大的。在他们这个体系内，一个成功的内部子系统会被鼓励分出一部分人去做一个新的品牌，在做新品牌时，不仅有资金支持，还有研发团队和供应链可以共享，但销售和财务又允许独立，这就营造出一个既可以左右手互搏，又可以相互支援的庞大商业体系。在看得见的未来，段氏经营思想支持的这套商业体系还远没有达到成长的上限。

8 亦师亦友

段永平的步步高系企业都是股份制，却不追求上市融资，说明这些企业多年来的资金状况还是很好的。再传弟子李杰的极兔快递虽然想上市，但一时还没有实现，而已经成功上市，并硬生生撬动了电商平台固有格局的，就不能不提黄峥的拼多多了。

黄峥不曾做过段永平的手下员工，也没有在段系企业里打工、成长，然后成为“一方诸侯”的典型经历，但他的人生道路又确实和段永平有很多交集，两人亦师亦友的关系在“无利不起早”的商场上堪称一段佳话。

黄峥1980年出生于中国杭州，父母都是普通人，学历也并不高，但黄峥从小就是“别人家的孩子”，成绩优异，懂事听话，小学六年级就在数学奥赛上得过奖，1998年从浙江省重点高中杭州外国语学校毕业后，还被保送进浙江大学竺可桢学院，主修计算机。2002年，从浙江大学毕业后，黄峥又顺利考进有“公立常春藤”之称的美国威斯康星大学麦迪逊分校，攻读计算机硕士学位。

这期间，一件小事对黄峥日后的生活轨迹影响甚大。作为一名计算机高手，黄峥和很多人一样，喜欢在网络论坛上讨论技术问题。一次，一个自称丁磊的人加了黄峥的MSN，并向他请教一个技术问题。黄峥二话不说，没提任何附加条件就帮这个人解决了问题。

没错，这个丁磊就是网易的创始人。经过这次接触后，丁磊对黄峥很有好感，得知黄峥是在美国威斯康星大学麦迪逊分校上学后，就向2001年定居美国的段永平介绍了这个同是浙江大学毕业的小学弟。当时，已经功成名就的段永平是如何与小自己19岁、还未踏上工作岗位的黄峥进行交往的，个中细节外人不得而知，但可以肯定的是，段永平从认识之初，就和丁磊一样，很认可黄峥这个小学弟的人品和能力，两人的交往在此后20年间从未中断。

转眼到了2004年，黄峥硕士毕业，和众多大学毕业生一样，黄峥也面临着何去何从的选择。他当时已经在著名的微软公司实习了一段时间，工作能力也得到了微软的认可，是可以留下来任职的，同时，黄峥还拿到了谷歌公司的录取通知书，面对多种选择，他有点无所适从。

从常理而言，成立于1975年的微软，到2004年早已是业内领袖，个人电脑操作系统王者的大旗无人能够撼动，公司的体系和制度也早已健全，在这样的公司工作，只要不犯大的错误，高级白领的生活肯定是有保障的。而成立于1998年的谷歌，到2004年还处于爬坡阶段，虽然不少人看好该公司的搜索引擎技术，但彼时还远未到称霸的地步。毕竟，美国每年冒出来的这种新点子高科技公司并不少，但能发展成微软那般体量的公司却是凤毛麟角。

对于黄峥的这个困惑，学长段永平给出的建议是去谷歌。他的理由是：谷歌看上去很有潜力，值得深入内部去一探究竟，而且去了就要至少待上3年，这样才可以近距离地观察一家成长期的高科技公司是怎样运作的，这对于年轻人的未来很有好处。

这种远高于做个高级白领的思路很得黄峥认可，于是黄峥从谏如流，进入了谷歌，也待满了3年。不过，黄峥的巨大收获从进入谷歌半年后就开始让他应接不暇了。2004年8月，谷歌成功在纳斯达克上市，黄峥手上的谷歌期权立刻让他跻身百万富翁的行列，不仅如此，黄峥还和李开复（曾任微软和谷歌全球副总裁）一起，参与了谷歌中国公司的整个组建过程，得以亲身体验了一把组建高科技公司的感受。虽然2007年以后，黄峥就离了开谷歌，但他曾不止一次地真心表示：谷歌给予他的远比他给谷歌的要多得多。不过，相对于谷歌公司这个明面上的赋予者，段学长的眼光和胸襟只怕更让黄峥佩服，正是有了段学长的一句点拨，才让他跨越了别人几十年的职业积累，早早到达了财富自由的彼岸，相信黄峥对这一点是心里有数的。

在离开谷歌之前，段永平还在2006年带着黄峥共赴了巴菲特的慈善午餐。这顿两个多小时的午餐，虽然是以慈善的名义进行的，却是段永平花了60多万美元的真金白银换来的，段永平肯带着当时尚属无名之辈的学弟黄峥，足见他对黄峥的欣赏和提携，而黄峥就算在那个饭桌上还只是一个后进晚辈，近乎一个旁观者，但亲耳听到两位前辈大佬对“本分”“诚实”这些基本品质的认可，以及对“简单”和“长期目标”的真诚信奉，相信超脱了金钱和地位的种子在那时就已经种在他的思想深处了。

离开谷歌后的黄峥不过27岁，而27岁时的段永平肯定比黄峥凄惶很多。他那时刚刚从中国人民大学毕业，还在各处寻找机会，一年后才进入日华电子厂，开始大展拳脚。

但已经实现财务自由的黄峥没有躺平享受，他选择了回到中国，还在北京中关村卖了一阵子手机，当然他肯定不是在靠卖手机挣钱，而是想搞清楚手机这类电子产品的受众群体和销售特点是什么。

很快，黄峥就开始了自己的第一个创业项目欧酷网，目标是打造一个品类齐全的网上电子商城。对于小学弟的雄心壮志，段永平的支持直接而又实际，那就是把步步高集团的一部分电子商务直接交给了欧酷网，此外，段系企业的OPPO公司也把自己的蓝光播放机摆在了欧酷网的页面上，有了这些品质优良、价格公道的产品做基础，欧酷网逐渐把经营范围扩展到了手机及其配件、高清数码设备、时尚电子设备等各个领域。秉持的经营理念，还是解决用户需求、提供优质服务，本分做事、不占别人便宜这一套段氏心法。

3年后，欧酷网就在国内电商平台中做到了手机和电子教育产品销量前三的位置，成绩相当喜人。不过，困境也是显而易见的，那时，淘宝和京东两大巨无霸电商平台已经成形了，欧酷网能做到的，这两家电商平台也能做到，而且会做得更好。看清这一点后，黄峥不等欧酷网走进死胡同，就果断卖掉了欧酷网，然后带领欧酷网的服务团队又另外成立了一家电商服务公司“乐其电商”。

这一次，黄峥看中的是电子商务服务和咨询这一细分领域，他当然记得段氏经营法的诀窍之一就是不要在对手的优势领域中恋战，而是要创造出自己占有优势的行业细分领域。

乐其电商的主要服务就是帮助那些有意做电商的客户进行网络推广，并协助其确定网络推广计划，具体包括电子商务基础服务，如商品的录入、照片拍摄、物流配送、客服支持等；也可以帮助客户制订电子商务IT解决方案，如建立官方网站、官方论坛、第三方电子商务平台系统整合、数据报表分析等；还可以帮助客户进行网络直销与分销渠道的整合。总之，乐其电商就像是一个在金矿旁边给打算挖金矿的人提供方案和工具的人。

乐其电商成立之初，就有欧酷网、步步高和OPPO等公司打底，后来又成功服务了亨氏、金佰利、拜耳等一些知名大企业。3年后，乐其电商也做到了国内电商服务细分领域行业前三的位置，被称为“金牌淘拍档”。

不过，黄峥在这两个领域虽说算是有所成就，但不是很大。2013年，黄峥又孵化出一家做游戏的新公司“寻梦”。对于游戏行业的利润，黄峥在多年好友丁磊那里肯定是看得见的，作为一个IT精英，黄峥对游戏的兴趣并不大，他曾说过，他不玩游戏，但他懂游戏。在黄峥的带领下，寻梦公司在1年内就实现了盈利，多款游戏都在国内外玩家中有一定的影响力。

也就是在2013年，黄峥被诊断出患有严重的中耳炎，无法工作，只能在家静养。静养期间，黄峥和别人一样，只能靠玩手机打发时间。这时他敏锐地发现，人们在社交网络软件上花费的时间非常多，却很难在这些软件上顺利达成销售目的。这是因为，在当时中国的互联网版图上，电商平台和社交平台之间有很深的鸿沟，双方不能直接互通，能够在社交平台上叱咤风云的电商，只有大批浮夸的微商。

经过思考之后，2015年4月，黄峥在微信公众号上做了一个叫拼好货的小程序，并以新鲜水果为切入点，鼓励微信用户通过分享拼单的方式来一起凑团下单，拿下便宜的水果。由于到手商品确实便宜，形式又很新颖，拼好货上线8个月后，就吸引了大批客户。另外，拼好货也曾因为拼单人数太多，来不及发货，导致团购客户迟迟收不到水果，在网上大骂拼好货是骗子。这也逼得黄峥亲自下场，带领员工解决订单积压问题。同年9月，寻梦公司孵化出的电商新平台拼多多也上线了。两个“拼”字头的软件虽说都是以拼单为主，但拼好货主要以自营为主，拿下大批订单后，需要自己发货，而拼多多是电商平台，类似于淘宝和京东，需要商家入驻。

2016年9月，拼好货和拼多多实现了合并，黄峥成为新拼多多的掌舵人，在黄峥的带领下，拼多多拿到了大笔融资，正式开启了又一场电商大战。而在世人眼中，拼多多的这个“拼”字不仅代表着拼单、砍一刀的意思，还代表着拼宣发、拼补贴的商界大战。于是，从2016年到2018年，人们看到了无处不在的拼多多广告，看到了“百亿补贴”掀起的滚滚硝烟，也看到了拼多多在短短3年内把自己的用户积累到了3亿以上，月成交额超过了30亿元，生生在淘宝和京东之间挤出了自己的生存位置。

当然，拼多多的低价亲民补贴政策也引起了很多用户和竞争对手的不满，他们认为拼多多上假货横行，应该叫“坑多多”或者“并夕夕”，而且拼多多的大额补贴政策也涉嫌不正当竞争行为。这些争议，直到2018年7月26日拼多多在美国上市时也没有完全消失。据说，这也是黄峥不去敲钟的部分原因。但黄峥坚持了拼多多的商业模式和消费场景，他说过：“拼多多的核心价值观就是‘本分’，就是要为消费者创造价值，我们可能不被理解，但我们总是出于善意去做事，而不作恶。”

2019年6月11日，拼多多入选2019福布斯中国最具创新力企业榜。2020年底，拼多多年活跃买家数达7.884亿，成为中国用户规模最大的电商平台。

而就在拼多多狂飙突进的时候，2021年3月，黄峥忽然辞任拼多多董事长，还表示将更多结合个人终身兴趣，致力于食品科学和生命科学领域的研究。这一年黄峥41岁，和40岁就退居幕后的段永平很像。

反观黄峥从2004年到2021年的人生轨迹，他最大限度地吸收了段永平“本分”的人生观，学习了段永平低调的生活态度，也成功运用过段永平找准细分领域，全力开拓市场的经营手段，还在每一次创业和转身时，接受过段永平的投资。而就算退居幕后，黄峥也和段永平相似，段永平留下的是持续健康运转的段系企业，段永平只在其中持股，并不干涉具体事务；黄峥留下的拼多多也在持续增长，黄峥继续持有拼多多的股票。相信黄峥以后也会和段永平一样，虽然低调，但不会退出历史舞台。

段永平说经营

◆盲目创新是危险的，而消费者导向前提下的创新是企业生存的一个重要基础。

（2010年3月3日，网易博客）

◆虽然你可能真是“举贤不避亲”，但公司其他同事可能不这么看。我认为除非是不可或缺，不然最好不要沾亲带故，尤其不要沾亲。

（2010年3月27日，网易博客）

◆“最大”不是我们用户关心的东西，但这往往是我们关心用户而产生的自然结果。

（2010年4月2日，网易博客）

◆分拆一般是没有意义的。我能想出来的意义大概是不同部门都想通过自己的业绩来体现自己的价值，而老板又没有办法协调，大概就只能这么做。

（2010年4月25日，网易博客）

◆企业的核心竞争力在于优秀的企业文化。量化企业文化的单位是“年”，就是说有好的企业文化的公司活得长的概率要大许多。企业文化能够管到制度管不到的东西。

（2010年5月18日，网易博客）

◆长期来讲，低成本是靠不住的，差异化最重要，专一是产生差异化的基本点。差异化其实就是顾客需要但别人没能满足的需求。千万别简单地理解成不一样。差异化的好产品一般都是长期积累厚积薄发出来的，当然偶尔也有运气的成分，但长期来讲，运气的成分可以忽略。

（2011年7月30日，网易博客）

◆企业最重要的是要有相对优势。不过乱投资是有点危险的，最重要的不是花了多少钱，而是其机会成本以及对企业文化的破坏。

（2011年12月16日，雪球网）

◆运营资产与运营负债相互对应，相互平衡，互为因果，不能只看一边，不看另一边。一般企业出问题，尤其是资金链问题，很多是资产负债表左右不匹配。

（2012年1月12日，网易博客）

◆（消费者导向）最通俗的说法就是自己不喜欢的东西别拿出去卖。

（2012年4月28日，雪球网）

◆明白差异化最简单的办法就是把自己当消费者，想象一下自己的体验、自己常去哪里、因为什么而改变，等等。

（2012年5月18日，雪球网）

◆乔布斯是把自己当用户，而别人以为他先知先觉（创造用户需求）。

（2012年7月6日，雪球网）

◆伟大的企业的定义如下：25年或30年后仍能保持其伟大地位的企业。所谓好的生意模式就是能持续赚钱的模式。

（2012年7月28日，网易博客）

◆以前看到的CEO上任（不光是雅虎），一般都是在经营策略上拿出个方案，这种方法往往行不通，因为这种方案往往是少数人憋出来的，不是大家的愿景。靓女Mayer上来想改的是企业文化，我觉得这是最慢但唯一有机会救雅虎的方法。

（2013年2月1日，网易博客）

◆任何东西都是标实价不讲价的好。可以讲价实际上对卖家而言是个非常短视且成本很高的行为。成本很高指的是无法授权且容易造成管理漏洞，短视指的是如果可以还价，那就是在鼓励回头客来讨价还价。对于客户而言，任何讨价还价都会让他们有可能吃亏了的感觉，因为客户很可能觉得价钱还没还够。刚刚开始经营企业时我就发现，所谓谈生意，谈来谈去主要是在谈价钱。人们把大量时间放在谈价钱上，而且在谈的过程中经常还需要诈来诈去的。对于卖东西的业务员来说，价钱的授权是件非常困难的事情，所以他们总是要找更上一级领导去获取更多授权，所以领导就会变得非常忙且没有效率。

（2015年5月30日，网易博客）

◆“敢为天下后”的整句话是“敢为天下后，后中争先”，没有能力后中争先的地方是绝对不能去的。

（2016年2月23日，网易博客）

◆制度是强制性的，文化则不完全是，所以建立好的企业文化非常难，破坏起来非常容易。

（2018年11月8日，雪球网）

◆我当CEO的时候并没有一个时间分配表，但大致知道什么是重要的。简而言之，不要让重要的事情变成紧急的事情。

（2019年3月16日，雪球网）

第 3 章

投资篇：

不甚用力的打鱼者

投资是一团迷雾，投资者就是在迷雾中打鱼的人。有的投资者网都丢了，还说自己脚下有大鱼；有的投资者按图索骥，不远千里去喂鱼；有的投资者好像随手打出一网就能捞到鱼。

段永平大概就是那个不甚用力的打鱼者，他也一再劝其他的打鱼者不要太用力。这不是满获者的另类骄傲，而是见过风浪后的逆耳忠言，但是看着别人船上的满满渔获，还能够始终保持清醒的投资者并不多，于是，满获者终将成为传说，迷雾中的险恶也拦不住源源不断的投资者。

1 陶朱公的秘密

综合《史记》《国语》《吕氏春秋》《吴越春秋》等古籍记载，后人大概还原了陶朱公范蠡的一生。

范蠡，春秋时期的政治家、军事家，出生于楚国宛地的三户（今河南南阳淅川县），自幼家境贫寒，相传曾在当时著名的谋士计然门下学习过治国和经商之道。学业有成的范蠡因为不是贵族出身，所以在楚国难以受到重用，就和好朋友文种相约，去越国谋发展。范蠡和文种到了越国后，受到了当时的越王勾践的欢迎。不过，范蠡一开始并没有获得勾践的全部信任。

公元前493年，勾践不顾范蠡劝谏，执意征伐吴国，被吴王夫差打败，到了亡国灭种的边缘。范蠡劝谏勾践忍辱负重，以图东山再起。此后就是著名的“卧薪尝胆”和“十年生聚，十年教训”的故事。直到公元前482年，越王勾践趁吴王夫差北上会盟，打败了吴国，并在此后10年，彻底消灭了吴国。

越国崛起后，范蠡受封为上将军，文种则被委以全部国政。但在这时，范蠡却出人意料，带着家人乘船而去，给文种留下了写有“鸟尽弓藏，兔死狗烹”名言的书信。事实证明，范蠡没有看错勾践，出走堪称明智之举。

从越国出走的范蠡到了齐国，改名鸱夷子皮，在这里定居下来。他在齐国海边开垦土地，兼营渔业和晒盐业，很快又积累起价值千金的家产。一向仗义疏财、施善乡梓的鸱夷子皮，不出意外又引起了齐国统治者的关注，于是，齐王派人来请他去国都邯郸做了卿相。但是，当时正是齐国田氏代齐的前期，鸱夷子皮没多久就看清，齐国此时暗流涌动，社会动荡就在眼前。于是，他又果断归还相印，散尽家财，带着家人离开了齐国。

范蠡离开齐国后，又迁徙到了宋国的陶邑（今山东省菏泽市定陶区）定居，这里交通便利，经商气氛浓郁，当时号称“天下之中”。范蠡在这里再次更名改姓为“陶朱公”，并凭着自己的才干很快在这里立足生根。据说，后世流传千年的杆秤就是陶朱公在这个时期研制的，为的就是要解决商业交易中很重要的公平交易问题。在人生的最后19年，陶朱公又3次挣到了相当于千两黄金的家产，并3次把家产捐献了出去，以至于定陶这个地方至今还流传着很多陶朱公的故事。

纵观范蠡的一生，不管是越之上将、齐之鸱夷子皮，还是宋之陶朱公，都能充分发挥自己的聪明才智，在不同的地方和不同的领域取得成功。后世生意人也往往把范蠡尊为财神、商圣和商祖，并且千百年来，不断流传着他教导众人要“本分”“诚实”的教诲。

历史的车轮不断转动，2400多年后，中华大地的另一位商界人物竟和陶朱公范蠡颇有相似之处。他也出身贫寒，受过良好的教育，投身商海后，以其卓越的眼光和超人的经营手段，仅用6年就把一个濒临倒闭的集体经济的小厂打造成全国知名企业，价值提升超过5万倍，自立门户以后，又仅用6年就把旗下企业的主要产品都做到了全国前三的位置，还培养出能够把自家经营理念发扬光大的数名“门下弟子”，而就在众人都认为他的企业经营行为前途不可估量的时候，他又像陶朱公一样，突然转身，与家人团聚在另一个国度。

不过，和陶朱公一样，这个人的突然转身并不是他人生故事的结束，别人说他是急流勇退，他却又在大洋彼岸的另一个国度和另外一个领域焕发出惊人光彩，此后，还和陶朱公一样，这个人乐于散财，把慈善事业做得有声有色。

而不管赚钱过程中如何奇谋百出、人生赛道转折时多么出人意料，这个人和陶朱公范蠡的思想底色一样，都是以非常纯粹的诚实、本分和平常心这些基本人生信条作为为人处世之道。说到这里，很多人都应该猜到了，他就是段永平。

2 初试网易

2003年1月，在美国纳斯达克上市的中国网络企业网易公司，忽然成为2002年以来纳斯达克股票市场表现第一的上市公司，10月，网易公司股票涨到了70美元每股，后来又飙升到100美元每股以上。那时多少投资人感慨，要是手上有网易的股票就好了。但他们应该记得，就在两年多以前，网易还是众多投资人嘲笑的对象，因为那时的网易股价还不到每股1美元，众人避之唯恐不及。

其实，成立于1997年的网易公司也有一段美好的少年成长期。最初，凭着自家开创的全中文搜索引擎服务、免费电子邮件服务和免费域名系统服务，网易获得了大量中国初代网民的认可，1999年还被《电脑报》评为中国知名度最高的网站之首。

凭着庞大的用户基础，2000年，网易踌躇满志地谋划去美国纳斯达克融资上市，但人算不如天算，等到当年6月网易正式上市时，因当年3月美国的互联网泡沫刚刚被刺破，美股一路狂跌，连累网易的股价也一蹶不振。网易就像一个成年人，才出门就被大卡车狠狠撞了一下，上市伊始就没有获得一个良好的开端。

到了2001年9月，网易公司又因为2000年的财报问题，被美国证券交易委员会停牌，股价更是低到了0.8美元每股。人们传闻，那时的网易老板丁磊最大的愿望就是能够脱手网易，赶紧逃离这个互联网泡沫破裂后的混乱市场。当时应该没人注意到，在网易的至暗时刻，一个定居美国没多久的成功商人正在逐渐买入网易的股票。

2001年，为了家人定居美国的段永平，已经不可能隔着大洋管理步步高公司的具体业务了，虽说他的财富足以让他后半辈子做个富家翁和富贵闲人，但是，一个成功的企业家的大脑是不可能被吃喝玩乐、声色犬马这些内涵价值很小的行为填满的。于是，对于段永平而言，研究其他企业、在投资市场上验证自己对其他企业的看法就成为一件顺理成章的事情。

段永平和网易的老板丁磊其实早就相识，2001年丁磊还专门去拜访过段永平，向他述说自己的烦恼。成功经营过企业的段永平当时安慰丁磊说："互联网是大家天天都在用的东西，怎么会是泡沫？现在所谓的泡沫破裂，不过是市场调整罢了。一个公司的关键还是要有适销对路的产品，要有自己的盈利模式。"于是，丁磊就向段永平介绍了网易当时正在开发的网络游戏《大话西游OnlineⅡ》，说起游戏，段永平还是很懂的，毕竟，他当年就是做游戏机出身的，深知游戏领域的巨大利润，也基本明白哪种类型的游戏会受到大众欢迎。

出于本身的兴趣爱好，段永平试玩了网易公司的游戏后觉得还不错，接着他又动员从前国内的同事都来玩一玩，反响也还不错，然后，段永平就着手去深入了解了网易公司的现状。他发现网易的股价虽然很低，但公司的盈利状况并不差，而且随着新游戏的上线和用户群的扩大，盈利情况应该会越来越好。至于媒体上闹得沸沸扬扬的网易诉讼官司，段永平在向专业律师了解后得知，投资者投资失败后，找借口起诉被投资公司，以图挽回部分损失在美国社会并不罕见。被起诉公司关键是要解决好财务报表问题，以及由此带来的可能摘牌问题，只要不被摘牌，其他诉讼问题都是夜空中耀眼的烟火——迟早会过去的。

有了自己的判断和这些专业意见做压舱石，段永平就开始在别人抛售网易股票的时候，陆续买进网易股票。事后他也承认，为了重仓网易股票，他还向别人借过钱，这在成名已久的段永平身上是不多见的，也可以看出此时段永平的决心。

段永平持续增持的网易股票高峰时占到了网易整个股本的6.8%，按照美国证监会的规定，股票持有人只要持有上市公司5%以上的股份，美国证监会就会公开股票持有人的身份信息和买卖情况，以保护中小投资者的信息知情权。这时，国内媒体才发现，段永平已经是网易公司的重要股东了。

随着2003年网易股价的大幅崛起，段永平承认网易股票给他带来了超过1亿美元的收益，但他也强调，作为价值投资的信奉者，他并不是一看到网易股价涨起来了，就急急忙忙抛售，而是坚持了3～5年，才陆续卖出的。

在别人看来，这是段永平在投资领域的成名之战，而在段永平看来，这不过是价值投资的牛刀小试。

3 从UHAL到Fresh choice

自从段永平进入投资领域以后，表面上看，好像是他一个人在单打独斗，其实他所使用的资金除了自有资金以外，还有很多朋友出于对他的信任，也把投资账户交给他，同时，步步高集团投资部的人力和物力也可以支持他的市场分析活动和投资活动，所以，一旦段永平做出投资决策，也可以有效地放大他的投资效应。2003年，段永平在投资领域获得一些成绩后，有朋友向他说起了一家美国公司UHAL。

UHAL是一家很有特色的美国公司，成立于20世纪40年代，主营拖车租赁业务，其分店遍布全美各地和加拿大，市场份额在当地排名前列。2000年左右，该公司为了扩大市场规模，不惜举债扩张，开拓了保险子公司和其他业务板块，进行高风险投资。但是，由于没有控制好短期债务和长期利润的关系，导致保险子公司连续两年给UHAL造成了1亿多美元的损失，再加上其他大量到期债务，导致UHAL公司的股价从几十美元每股一路狂跌到4美元以下每股，公司被迫进入了破产保护程序。

这时，段永平注意到了这家公司。通过专业的背景调查，段永平发现，UHAL公司的净资产还很雄厚，公司的盈利模式没有问题，公司的财务报表也没有造假，公司股价大幅下跌主要是市场恐慌情绪造成的。另外，段永平还专门派人去UHAL公司在美国各地的几个门店一探虚实，甚至专门打电话到店里预约服务，结果发现，UHAL公司内部并没有受到股价波动的太大影响，公司运行基本正常。

在这种情况下，段永平就在UHAL公司股价跌到3.5美元每股时，持续买进了100多万股。果然，半年以后，当UHAL公司解除破产保护程序之后，该公司的股价就开始节节攀升，到2006年初，已经突破了100美元每股。段永平事后表示，他控制的几家账户在这只股票上赚了七八千万美元，具体收益没有细算。

这次操作体现出了段永平后来一贯的价值投资思路，也就是说，看待一家公司的价值，不应过多受短期股价的影响，而应该考察这家公司背后的经营模式和经营基础是否牢固。如果长期来看，一家公司的盈利基础没有问题，那么在公司现阶段价值小于未来估值的情况下，就可以投资该公司的股票，至于这只股票是今年涨还是明年涨，不必过于纠结，到了条件合适的时候，它自然会给你一个合理的回报。

但是，段永平在投资领域也不是没有走过弯路。还是2003年，段永平对美国公司Fresh choice的投资就以失败而告终。

Fresh choice是一家在美国纳斯达克挂牌上市的餐饮企业，中文大概可以翻译为“新选择”或者“鲜选”。这家主要立足于美国加利福尼亚州的企业，在顶峰时拥有遍布加利福尼亚州、华盛顿州和得克萨斯州共58家连锁店，在美国东南部很有市场影响力。Fresh choice发展到一定规模以后，也遇到了很多公司在急速成长后面临的问题，那就是增长乏力、利润减少，但负债却在增加。作为上市公司，Fresh choice的财务报表准确反映了公司面临的问题，自然遭到了投资人的嫌弃，公司股票屡创新低，到2003年初，只有1.5美元每股。这又让段永平看到了机会。经过调查，段永平认为Fresh choice公司虽然遭遇了困难，但也不是无药可救，从该公司的盈利能力和在市场上的接受程度来看，只要措施得当，一两年后就可以重回正轨。另外，段永平还想乘此机会真正进入一家美国企业一探虚实，那么他就此在美国重新干上实业也未可知。

于是，段永平果断入手了Fresh choice公司的股票，并一路增持到104万股，由此掌握了进入Fresh choice公司的敲门砖。2003年10月，Fresh choice公司发布公告称，作为Fresh choice公司的第一大股东，段永平先生占股27%，并成为该公司的7名董事之一。

应该说，段永平肯定是怀着自身的目的进入Fresh choice公司董事会的，作为一个在中国成名已久的实业家，改造一家餐饮企业也许在他看来不是什么难事。但是，橘生淮南则为橘，生于淮北则为枳，段永平显然低估了中美两国不同的文化土壤。

进入Fresh choice公司董事会后，段永平确实得以近距离地观察一家美国公司的运转情况和运作方式，但是作为一个突然空降的董事，段永平在这家公司完全没有自己在步步高系企业的影响力，尽管段永平在那些企业中的股份占比只有10%左右。同时，受Fresh choice公司章程困扰，段永平在董事会中也不能一言九鼎，发挥决定性作用。当然，语言和文化背景差异导致段永平和公司内的其他董事交流不畅也是一个内在原因。

于是，在短短几个月内，段永平眼睁睁看着Fresh choice公司继续举债扩张，不断提升产品售价，在错误的道路上越走越远。但作为一个成功的实业家，他知道，公司经营面临这种情况时，正确的做法应该是收缩战线，降低成本，保证公司的现金流不干涸，那种孤注一掷、毕其功于一役的想法在现实中是很危险的。

但Fresh choice公司的其他董事对段永平的建议无动于衷，以公司决策早已确定为由否决了段永平的建议。结果，段永平就只能眼睁睁地看着Fresh choice公司在几个月内耗干了现金流，债务不堪重负，而经营突破口却迟迟不见踪影。2004年，Fresh choice公司被纳斯达克摘牌，同时进入破产程序。段永平离开董事会，损失资金100多万美元。

对段永平而言，损失的100多万美元尚不算大事，但其中的教训不可谓不深刻。因为他意识到，由于中美企业的巨大文化和制度差异，使他即便能够通过投资进入一家美国公司，也很难在其中发挥出他在中国公司那样的作用。同时，因为股东身份的权责限制，还让他失去了自由交易股票的权利。

此后，他就安心去做一个职业投资者，以对股市中企业发展的清醒认识来获利，而不再试图亲自掌握一家公司。他对一家公司的投资也尽量保持在总股本的5%以内，以保持进退自由的状态。

经此一役，段永平在股市中的故事更加扑朔迷离，外人总是在事后才能通过段永平的自述和少量媒体报道知道一些大概。

4 别人恐惧时要清醒

“别人恐惧时我贪婪，别人贪婪时我恐惧”是“股神”巴菲特一句众所周知的名言，但如何理解并践行这句话，其实大有学问。2004年，段永平在投资创维时的所作所为，也许可以成为一个很好的注脚。

2004年11月30日，香港廉政公署在代号“虎山行”的行动中拘捕了国内著名家电企业创维集团董事局主席黄宏生，罪名是“涉嫌盗取公司资金”。当日，创维集团在港上市公司创维数码被香港证监会停牌。为此，创维集团紧急发表声明：本公司确有部分董事在配合香港有关机构做调查，大部分人当日已经返回工作岗位；创维集团的生产、经营、管理活动一切正常；创维集团积极向上的发展势头不可逆转，并将一如既往地为消费者奉献更好的产品。

虽然此后创维集团的上下游企业都表示不受此事件影响，将继续与创维集团合作，但黄宏生本人在取保候审后，还是在当年12月末辞去了创维集团董事局主席兼首席执行官的职务，转任公司非执行董事。同时，黄宏生的家族成员也全部终止了在创维集团及所有附属公司的董事和管理职务。外界判断，创维集团创始人兼最大股东黄宏生及其家人发生这样的变故，很难不对创维集团的运营造成冲击。与此相对应，创维集团的在港上市公司创维数码股价暴跌，一度每股不到1港元。

证券市场做出如此反应，并不算是反应过度。因为一家上市公司发生这种状况，所有投资人都会产生恐慌心理。相类似的对比可以参见同样是2004年发生的金正事件。

说起金正，和段永平还有一些间接联系，因为金正的创始人杨明贵也在广东中山小霸王公司做过总经理，离职后，才辗转建立了金正公司。不过2004年金正的掌舵人已经变成了万平。当年7月，山西省检察院以“涉嫌挪用资金罪”拘捕了金正公司董事长万平。这里面固然有前后数年的股东权益之争，但金正公司却不能控制风波，导致企业在很短时间内就资金断裂、资产被查封、厂房被关闭、员工被解散。所以，创维的投资人面对类似的情况，有恐慌心理是正常的。

但是，段永平的视角有所不同。作为在国内家电业有过一番作为的企业家，他对创维集团还是有一些了解的，知道创维集团的实力不俗，研发能力和盈利模式都没有问题，每年的营业额超过百亿元，而且负债率不高，只要集团管理层的动荡不造成伤筋动骨的伤害，这家企业迟早是会证明自己的价值的。他甚至一度戏言：光是创维公司那栋办公大楼的市值就超过了创维数码的整体股票价值。

于是，在2005年，段永平开始在1港元左右的价格线上，持续购入创维数码的股票，并一直买到接近公司总股本的5%才收手。本来，段永平还想跟黄宏生说一声，他不是在恶意收购，只不过，彼时的黄宏生已经因串谋盗窃及诈骗上市公司资产等4项罪名被判监禁6年，无法与之交流，只能作罢。

而段永平购入创维数码的股票后，并没有马上看到股价回升，而是持有了将近5年，才在2009年迎来了创维数码股价的爆发。持股期间，创维数码2008年的股价甚至一度跌到了0.18港元每股，但段永平却不为所动，面对如此大的亏损，其定力可见一斑。

其后，段永平在创维数码股票每股5～7港元时陆续减持了手中的创维数码股票，收益达到当初投资时的5倍，年化收益约40%，堪称了得。不过，就算收益如此，段永平也不改其冷静的本色。他后来在2011年的博客上表示，虽然出售创维数码股票后，创维数码的股价还涨了一段时间，但他认为，这已经超出他的认知水平了。毕竟创维数码虽好，但没有达到行业内垄断定价权的水平，回顾2003年到2006年创维数码的财务报表，其资产回报率和净资产收益率的表现并不抢眼，如果回到2005年，他不会投资创维数码。这和网络上众多只谈成绩、不谈失误的“股神”和伪大咖比起来，高下立判。

同样在2005年，段永平还投资了国内的万科企业股份有限公司（以下简称万科）。这家成立于1984年的中国著名民营企业，从1988年进入房地产行业以来，就在不断地茁壮成长，1991年在深圳证券交易所挂牌上市后，更是开始在全国各地发展房地产业务，并以品质优良著称于世。

2005年，万科的股价正逢低位，每股在3.12元左右，从当时万科财务报表中的市盈率和平均市净率来看，表现并不抢眼。但是久经商海的段永平知道，在房地产市场这条赛道上，公司的确认收入有一定的滞后性，一个楼盘连续销售多年是业界常态，所以，不足为虑。而从事后的上帝视角来看，2005年之后，中国的房地产市场将进入一个长达15年的快速增长期，买入哪家房地产公司的股票几乎都会赚钱。但是，为什么段永平要选择万科呢？这也许还要从段永平对万科的理解来说起。

万科的前掌舵人王石曾经说过：“自己虽然快60岁了，但对于大事情的处理，还是显得很青涩。”这里的“青涩”肯定不是形容初出茅庐者什么都不懂的意思，而是王石自认不够圆滑，凡事有所坚持的意思。段永平听懂了王石的话，所以在不同场合也曾以“青涩”为梗，调侃王石是个青涩的人。只能说，在段永平入手万科股票的时候，除了万科基本良好的财务报表和合适的股价以外，靠谱儿的掌舵人也是必须考虑的因素。

也许有人以为，王石和段永平都是商界大佬，他们总有机会坐在一起喝喝茶、吃吃饭、聊聊天，那个时候万科掌舵人王石总会告诉段永平一点别人不知道的万科内幕消息吧？段永平对这种投资态度从来都是不屑一顾的，因为那是把自己和王石等同于相信内幕消息的小股民、小商贩。段永平在不同场合反复表示过，他非常在乎企业管理层的人品，看似平常的东西其实是很多大事发生的前提和基础。要是不明白这话是什么意思，长大一些就知道了。

所以综合以上信息可知，段永平其实是早已看好了中国发展过程中房地产这条赛道。而在房地产这条赛道中，万科公司及其当时的掌舵人又是比较可靠的。至于为何在2005年买入万科股票，无非是时机正合适罢了。

两年后的2007年，段永平在万科股票每股股价15元左右时脱手了万科股票，收益是本金的4～5倍，虽然当年万科股票股价还曾经一度飙升到40多元每股，但不得不说，段永平已经成功地和一家表现良好的公司共同从经济的健康成长中受益了。

5 旧地图与新大陆

1492年10月12日清晨，哥伦布率领的3艘海船和87名船员在经过两个多月的航行后，发现了现在南美洲西印度群岛中的巴哈马群岛，哥伦布以为自己到达的是日本列岛的外围群岛，并把此处命名为“圣萨尔瓦多”。16天后，哥伦布的小小舰队到达了古巴岛，他以为那里是亚洲大陆。直到1502年5月，哥伦布第四次驶向新大陆时，他也不能确定，自己到的是亚洲大陆还是一块新大陆，由此错过了给新大陆命名的机会。

此后数百年，后人往往把造成哥伦布这一错误的原因归咎于哥伦布使用了不准确的航海图，毕竟，那个年代的世界地图是根据古希腊托勒密地图、马可·波罗传说，以及种种不可靠的信息综合绘制而成，哥伦布靠着这种航海图能行驶到新大陆，似乎颇有些歪打正着的意味。

不过此事还有另外一个视角，那就是哥伦布的航海图虽然不准确，但是，他仰仗的地球球体说却是正确的，根据这个理论，他一路往西确实可以到达东方，只不过沿途会遇到什么，孰难预料。

如果把哥伦布发现新大陆的航程和股市投资进行对比，似乎也颇有相通之处。可以看到，有的投资者无比信任地图，会把来源神秘的小道消息当作到达大洋彼岸的秘籍；有的投资者信任的却是地图背后的原理，他们就算是成功到达了彼岸，也会有人嘲笑他们地图有误，或者说，他们信奉的简单真理根本不值一提。

段永平投资美国通用电气公司（General Electric Company，GE）的经历就与之相似。

美国通用电气公司是发明大王爱迪生于1892年创建的一家公司。经过100多年的发展，到21世纪初期，美国通用电气公司已经成长为业务范围包含照明、电气设备、航空发动机、金融服务、医疗设备等几十个领域，分子公司和制造工厂遍布几十个国家，员工数足有30多万的大型跨国公司。

不过，在2008年美国金融危机爆发后，美国通用电气公司也受到了严重的冲击，和市面上的大多数公司一样，面临着经营萎缩、利润下滑、股价大幅下跌的困境。其股价从危机爆发前的38美元每股开始一路下跌。面对这种情况，“股神”巴菲特明确表示，美国通用电气公司被低估了，美国通用电气公司手上有那么多的尖端技术和设备资产，公司估值绝对不止这个价。他还在当年10月果断宣布，将花费30亿美元收购美国通用电气公司的永久性优先股，同时保留未来5年内，以每股22.25美元的价格，再收购美国通用电气公司30亿美元普通股的权利。但可惜的是，巴菲特这番信心十足的收购行为没能消除市场的恐慌情绪，美国通用电气公司的股价还在继续下跌。

可投资市场上也不是无人认可巴菲特的判断，段永平就是其中之一。对于美国通用电气公司的价值，段永平心知肚明，而且早有感受。因为还在他实际管理步步高公司的时候，美国通用电气公司的传奇CEO杰克·韦尔奇就给了他很大的启发。

杰克·韦尔奇在1981年45岁时被任命为美国通用电气公司的董事长和首席执行官，当时他虽然被寄予巨大的期望，但也只是被称为美国通用电气公司历史上最年轻的掌舵人。其后20多年间，杰克·韦尔奇在美国通用电气公司内部进行了大胆和卓有成效的改革，不断减少管理层级和冗员，几度重组美国通用电气公司，使美国通用电气公司的市值从120亿美元增长到4100亿美元，从世界排名第十变成了世界排名第一，并成为现代企业的典范。而等到杰克·韦尔奇2001年退休时，他也拥有了“最受尊敬的CEO”“全球第一CEO”和“美国当代最成功最伟大的企业家”等荣誉头衔。

段永平早就承认，他曾花了大量时间研究美国通用电气公司的历史和企业文化，这其中，关于杰克·韦尔奇的六西格玛管理法，以及“面对现实、注重质量、追求杰出，以及发挥人才的因素”等理念，段永平都是深表赞同，并在一定程度上用在了自己的企业之中。所以，在2008年金融危机爆发时，他也赞同巴菲特所说的，这是入手美国通用电气公司股票的好机会。

但当时的市场形势好像并不赞同巴菲特的判断，从2008年巴菲特买入美国通用电气公司股票到2009年初，美国通用电气公司的股价始终没有反弹，2009年3月4日，美国通用电气公司的股价甚至跌破了每股6美元，达到每股5.73美元，这是自1991年以来的首次股价如此低。有市场分析人士认为，这次金融危机来势汹汹，倒下的百年企业和曾经实力雄厚的大公司为数不少，美国通用电气公司恐怕也劫数难逃。

为了应对危机，当时的美国政府被迫为各大企业提供了紧急且数额庞大的救助资金，各大企业也在努力自救。美国通用电气公司的时任领导层也宣布，公司将努力压缩成本、减少开支，并积极开拓新兴市场以渡过危机，同时，将回购公司股票25万股，以稳定股价。

在这种消息混乱、情况复杂的形势下，段永平还是出手了。他就像哥伦布发现新大陆一样，表面上看，和众人一样看到的是错漏百出的航海地图，但他的内心深处还有一个十分信奉的底层思想。

虽然段永平没有透露过他那段时间购入了多少美国通用电气公司的股票，但以他的投资习惯，只要看准一只股票，即投入一两亿美元是完全有可能的。

到2010年，美国通用电气公司的股价果然开始大幅回升，段永平在半年之内的收益，保守估计也有上亿美元。必须说明的是，段永平此次操作美国通用电气公司股票的购入成本比“股神”巴菲特还低，从理论上说，他这次的收益应该比巴菲特更高。《第一财经》的记者还据此写了一篇博文发在网上，题目就叫《段永平投资GE（美国通用电气公司）超越巴菲特》。不过，段永平知道后，特意打电话对那位记者说明，不要妄言自己或者别人能够超越巴菲特，就像有人在高尔夫球场上偶尔打出了一个小鸟球，你不能说这个人就堪比老虎伍兹了。这当然是段永平一贯的谦虚态度，但若是相信段永平自称的“只是运气比较好而已”，似乎是小瞧了段永平或者哥伦布这些时代俊杰背后的努力。

这则故事其实还有其他方面可以说明，段永平不是简单的股市“抄底”成功，而是有自己的一套很完整的投资逻辑。2021年，有网友向段永平咨询，在美国通用电气公司股价再次下跌的当下，美国通用电气公司的股票是否值得购入。段永平直截了当地回答，他有一天在美国通用电气公司的主页上已经看不到杰克·韦尔奇对美国通用电气公司文化的描述了，甚至发现有去韦尔奇化的倾向，再加上美国通用电气公司的生意领域涉猎太广，实在是复杂，所以他就把美国通用电气公司的股票统统卖掉了。虽然现在美国通用电气公司的股价比他卖出时还低，但他已经没有兴趣购入了。

由此可见，当别人在努力寻找一张可靠的地图时，段永平已经凭着自己的底层认知走出很远了。

6 守正与出奇

进入投资界以后，不过几年时间，段永平就再度封神，仿佛从未犯过错误一般，但其实段永平也犯过错误，并且是很大的错误。据段永平自称，早年间，在股市上赚了一些钱后，他有点自满。有一次，看到在纳斯达克上市的百度公司的股价产生了波动，就对百度公司产生了一些兴趣，经过调查，段永平又得知，原来号称在国内搜索引擎市场称霸的百度公司，是在谷歌公司不能适应中国法律，主动退出中国市场后才称王称霸的，他不免就会觉得，百度公司没有经历过激烈的市场竞争，有些“得位不正”，于是，就想去做空百度。

而百度2005年在纳斯达克上市时，曾在首日交易中，以涨幅354%，创下美国股市5年来新上市公司首日涨幅之最。这也意味着百度的市盈率水平脱离了资本市场的平均水平，一旦公司的成长步伐跟不上市场预期，极有可能导致股价的迅速回落。所以，做空百度，也不算是毫无根据。不承想，几番交手下来，段永平却损失惨重，铩羽而归。

这一次的失败导致段永平掌握的多个股票交易账号都出现了巨额亏损，总金额在1.5亿～2亿美元，几乎把前期的盈利资金全部吃光。而最让段永平不能原谅自己的是，他当时明明已经知道了“股神”巴菲特“不做空、不借钱、不做不懂的东西”这个投资三原则，但自己却几乎“完美”地违反了这些原则。所以，对于“做投资时要知行合一”这句话，从此他就有了更深刻的体会。

而多年以后，对美国达美航空公司（以下简称达美航空）的投资也一度让段永平睡不好觉。达美航空是一家成立于1928年、总部位于美国佐治亚州亚特兰大市的大型航空公司，在全球57个国家拥有超过247个航点，业务高峰时，每天运营有超过4000架次的航班和8万名以上的员工，还常年名列世界500强企业名单。

按照世界经济发展和人员往来需求的逻辑来看，入手这样的公司股票，符合段永平一般看公司发展趋势要看到10年以上的原则。但真正入手达美航空股票后，段永平才意识到航空产业在地缘政治变化、气候变化和突发疫情面前非常脆弱。更麻烦的是，航空业中的各大航空公司其实能够提供的服务都是差不多的，同级别的航空公司，甚至机票票价的差异也不会太大，也就是说，产品的差异性极小。经营过实业的段永平心知这是不太妙的，这种隐忧让他难以安心。后来在和巴菲特的交流中，段永平知道了“股神”对达美航空也有同样的担忧时，真是且喜且忧，感情复杂。喜的是他和巴菲特的判断一致，忧的自然是担心达美航空这只股票会让他又跌跟头。

好在段永平最后还是在恰当的时机出手了达美航空的股票，计算收益，也有几千万美元的进账，可算是有惊无险。而根据巴菲特公布的消息，巴菲特在达美航空的投资上是亏损的。但段永平和以往一样，从不愿说自己比巴菲特高明，永远把自己摆在“弟子”的位置，只是说，自己最大的财富就是那些曾经犯过的错误，人生唯一能肯定的，就是每个人都会犯错误。

2020年以后，段永平在美国天然气基金（以下简称“UNG”）上也闪了一下腰。作为一种交易型开放式指数基金，UNG兼具股票和指数基金的特色。对于UNG，投资者既可以向基金管理公司申购或赎回基金份额，也可以像封闭式基金一样，在二级市场上按市场价格买卖ETF份额，UNG具有封闭式基金和开放式基金的运作特点，是一种非常专业的资本投资品种。当时段永平发现，全球能源市场的价格都在下跌，美国能源市场的天然气价格在3美元左右，而经过调研得知，天然气的开采、运输、储存等成本加起来，正常应该在6美元左右，按照一般的投资原则，商品价格如果在成本价以下，就是良好的投资机会，因为在成本价之下的价格必然无法持久，终将回归正常水平线。于是，段永平就购买了一些份额的UNG，可是深入研究后，段永平发现，UNG的价格成因十分复杂，并不是简单地和市场上的天然气价格紧密相关，而他当初只是想在天然气价格上涨后，在UNG上快进快出一把。考虑到时间成本和价格成因的不确定性，段永平这一次果断止损，快速撤出了UNG。综合所有段永平操作的资金账户，这一次亏损了几十万美元，这点资金对段永平这种段位的投资者而言并不算什么，但神奇的是，几个月后，随着天然气的市场价格回升，UNG果然还在下跌，如果段永平当初不及时止损，应该会多亏损4倍左右的资金。不过，段永平并不因此事接受网上舆论的恭维，他直言，如果做得好，前面的亏损也不该有。这一次投资，让他认识并牢记了坚决“不做不懂的东西”这一投资法则。

相比于出奇制胜方面的有得有失，段永平在守正方面获得的收益要远远大于出奇。

2009年，全球金融危机的风暴高潮已经过去，能够存活下来的公司都在这场大风暴中证明了自己的能力和价值，这时雅虎公司进入段永平的视线。

雅虎是一家有着强烈传奇色彩的互联网公司。自从1994年杨致远和大卫·费罗创建雅虎公司以来，就受到了众多年轻人的追捧，将其视为把互联网带向大众的引领者，杨致远和大卫·费罗也被尊称为"雅虎酋长"。1996年，雅虎公司上市后，第一天的股票总价值就高达5亿美元，但其实在万众欢腾的背后，雅虎的盈利能力一直比较羸弱，到1996年底，雅虎的账面利润只有区区9万美元。

随后，雅虎开始了一系列的全球扩张动作，并于2005年以10亿美元投资了当时还在成长期的阿里巴巴公司，并同意由阿里巴巴公司全面收购雅虎中国，让雅虎中国成为阿里巴巴的旗下网站。

大公司之间的这种交叉持股，结构复杂、目的多样，就算是媒体报道也多半是语焉不详。但是在段永平这类的投资高手看来，需要做的就是透过现象看本质。于是，他决定算一算雅虎是否符合自己的投资逻辑。

在段永平看来，当时的雅虎总市值在215亿美元左右，账面现金有45亿美元左右，而在雅虎日本和阿里巴巴在香港的上市公司中，还有属于雅虎的大约价值100亿美元的资产，虽然雅虎盈利能力不强的毛病一直都存在，但是每年在搜索引擎服务、企业网站服务，以及与微软的业务合作等方面，仍然有10亿美元以上的收入，这样大概计算之后，可以得知雅虎当时的市值在70亿美元左右。考虑到阿里巴巴所属的淘宝和支付宝还会有一个较长的成长期，那么雅虎通过持有阿里巴巴股票来分享淘宝和支付宝的高速成长收益，也是完全有可能的。

基于这样的考虑，段永平在2009年后就入手了不少雅虎的股票，直到2011年，因为更看好苹果和其他公司的股票，才渐渐把雅虎股票出手。

毫无疑问，段永平在雅虎的投资操作中是赚了钱的，他对一家上市公司的估值方法也许没有专业机构的正式文件那么精确，也没有复杂的数学模型和多种公式绕来绕去，但是对于一家上市公司的发展评估，往往都延续到10年以后。这在专业人士看来也许稍显粗陋，但恰恰是这样拉长的视角，让段永平这类投资者看到了别人看不清楚或者是不重视的东西。

虽然2011年后，段永平逐渐出售了手中的雅虎股票，但他对雅虎的判断验证还在继续。2014年10月，雅虎向美国证券交易委员会提交的监管文件显示，该公司通过出售阿里巴巴集团在首次公开招股交易中持有的股票，获得了94亿美元左右的收入。这也证明，当初段永平对雅虎将受益于阿里巴巴的成长的判断是完全正确的。

7 吃苹果，喝茅台

在段永平的实业生涯中，有一个显著的特点一直被众人所称道，那就是“敢为天下后”。在段永平看来，即使一家企业开局弱小，缺乏开创伟大的先驱性产品的能力，也不必妄自菲薄，只要懂得理解开创性产品的优势所在，然后适时开发符合消费者需求的对应产品，同时，保证品质并进行恰当的宣发，一样可以在市场细分领域中找到适合自己生存的土壤，做到业界龙头的位置。

回首观察，伴随几代人童年的小霸王学习机、享誉大江南北的步步高VCD，以及其他段永平主导过的产品似乎都符合这个规律。以段永平的眼光和能力，没有开创出索尼和苹果旗下那样的产品似乎颇为遗憾，但要说他看不见这类产品的价值，肯定是不对的。

美国苹果公司就是这样一家充满传奇色彩的高科技公司，自从1976年成立以来，几经变化，在个人电脑、音乐播放器、手持电子通信设备等领域都贡献过令人惊艳的产品，直到现在，每年多次的新产品发布会都是全球“果粉”的节日。而在资本市场上，该公司也表现惊艳，自从1980年12月上市以来，不仅给自家企业创造了为数众多的百万富翁和亿万富翁，而且仅仅用了5年就冲进了世界500强企业的行列，被称为自1956年以来最吸引投资者的公司。不过在之后的20世纪80年代后期和90年代前期，苹果公司也经历了一段低迷时期，这期间，公司产品不受欢迎，业绩大幅下滑，苹果公司几乎处于崩溃的边缘。直到1997年，传奇人物史蒂夫·乔布斯重回苹果公司掌权后，才又推出了一系列划时代的产品。

到2011年，虽然重新把苹果公司带回巅峰的史蒂夫·乔布斯已经离开了人世，但他的继任者蒂姆·库克早已在前几年辅助乔布斯工作时证明了自己的能力，而且随着时间的推移，库克在苹果公司掌舵人的位置上也越来越显示出自己的特点和价值。如果说，乔布斯好比一个王朝的开创者，打造出令人惊叹的产品，开拓出无人曾经到达的新领域，那么库克就好比这个王朝的优秀继任者，不仅持续完善了公司赖以生存的产品，还巩固了前代领袖打下的江山。这一点，从苹果公司越来越强的盈利能力中就可以看出。

段永平其实早在2003年左右就关注了苹果公司，他非常欣赏苹果公司的单一产品模式，认为这种模式可以保持公司对主要产品的关注度，在快速提升产品性能、实现产品迭代、保持行业领先位置的情况下，还可以节约研发成本、渠道成本和宣发成本。他认为，很多大公司在一种好产品的研发上后续乏力之后，就喜欢搞一些似是而非的产品矩阵和怪异的宣发文案，其结果未必理想。这就好比去一家餐厅吃饭，餐厅菜单上不介绍餐厅的拿手菜品和主厨的精湛手艺，却说本餐厅的厨师和服务员都是音乐学院的高才生，这就让人有种摸不着头脑的感觉。

不过，2003年时，段永平在其他领域分心太多，手上资金也不是十分充裕，虽然那时苹果公司的市值仅在50亿美元左右，但投资苹果公司的事还是就这样被段永平搁置下来了。但到了2011年，情况就不一样了。当时，段永平在其他公司的一批股票期权即将到期，这就意味着他手上除了近几年的投资盈利以外，还会多出一大笔现金。而观察了整个资本市场后，段永平的投资目光还是落到了苹果公司身上，这时候，最重大的投资决定已经不是买不买苹果公司股票的问题，而是什么时机买才最合适的问题。

根据事后段永平在自媒体上与他人分享的心路历程可知，这一次段永平的思路仍然是清晰而又简单。当时苹果公司股票的价格并不算低，且在持续上升之中，投资市场上的很多投资人虽然也想出手苹果公司的股票，但都怕高位接盘，生怕苹果公司的成长已经到了上限。不过，段永平根据自己“毛估估”的那一套计算方法或者说思维模式，分析了苹果公司现在的现金流和未来的现金流，认为苹果公司的成长上限还远没有到来，公司未来10年的盈利前景仍然可以期待，他甚至大胆预言，苹果公司的市值突破万亿美元大关也不是没有可能。而这在当时，是微软、高通、IBM、通用电气等一些著名企业也没有抵达的高峰。

段永平相信自己的判断，这一次他在苹果公司股票40美元每股时开始购入，不仅用了到期股权的资金购买苹果公司股票，还出手了雅虎等一些公司的股票，置换成苹果公司的股票，同时，他还运用他手上掌握的其他账户资金购买苹果公司的股票，并把苹果公司的股票推荐给步步高、vivo和OPPO的员工，明确告诉他们，自己看好苹果公司。

这种重仓行为也许不符合很多职业投资人的习惯，他们总是教育广大投资者要分散风险，不要把所有鸡蛋都放在同一个篮子里，否则一旦碰到了垃圾股，就可能血本无归。

段永平重仓苹果公司股票的过程中也不是没有这样的惊险。根据记录，2012年底到2013年，苹果公司的股价就出现过高达55%的下跌，2015年底到2016年，又出现了36%的下跌，2018年中，苹果公司的股价也出现过40%的下跌，直到2020年，已经发展稳定的苹果公司也出现过36%的股价下跌过程。确实也有跟着段永平投资苹果公司的朋友受不了这种刺激，忍不住卖掉了苹果公司的股票。

但是坚持到底的人，最终和段永平一样，都得到了丰厚的回报。段永平在2021年就自称苹果公司是他自己在投资领域获益最大的公司。他还说，这些年中，苹果公司的股价每次大跌，他都会加仓，他不能阻止别人卖苹果公司的股票，但自己一定会坚持持有。据说，vivo和OPPO的很多员工也因为跟着段永平投资苹果公司而实现了财务自由。苹果公司也如段永平所料，在2018年8月，成为全世界首个市值破万亿美元的公司之后，还在继续成长。

与此同时，值得注意的是，2011年段永平大举购入苹果公司股票5年后的2016年，“股神”巴菲特持有的伯克希尔·哈撒韦公司也开始积极购入苹果公司的股票，到2018年，甚至成为苹果公司持股5%的重要股东，花费了近360亿美元。巴菲特和段永平形成了一种奇妙的竞争关系。

段永平讲过一个小故事，说他在美国的一次公开展会上遇到过蒂姆·库克。两人闲聊时，库克问他是干哪一行的，段永平说自己是做投资的。库克就问他投资了哪些公司，段永平老实答道：苹果。库克又问：还有呢？段永平又老实答道：没有了，基本都投了苹果。库克就不说话了。也许库克搞不清眼前这个人到底是狂热的“果粉”，还是一个恶意收购者，所以就没法儿回答。后来，如果不是巴菲特强势介入苹果，也许段永平对苹果公司的股票持有还会更多、更久。

由此可见苹果公司、巴菲特和段永平之间的有趣关系。

其实，在长期持有苹果公司股票的同时，段永平对其他优秀公司也很有兴趣。

2012年11月，有机构称，将在北京购买的酒鬼酒送到上海天祥质量技术服务有限公司进行检测。检测报告显示，酒鬼酒中共检测出3种塑化剂成分，分别为邻苯二甲酸二（2-乙基己基）酯（DEHP）、邻苯二甲酸二异丁酯（DIBP）和邻苯二甲酸二丁酯（DBP），其中酒鬼酒中DBP的含量为1.08mg/kg，超过规定的最大残留量。随后，国家质检总局通报了湖南省产商品质量监督检验研究院对50度酒鬼酒样品的检测结果，其中DBP最高检出值为1.04mg/kg。由此引发的中国“白酒塑化剂事件”使事件当事人、著名高端白酒酒鬼酒的品牌形象备受打击，其股价一度跌到停牌。除此之外，整个A股的白酒板块也受到了牵连，跌幅为各板块之首。

但也有白酒业内人士和投资界人士表示，送检的样品难以确定是不是酒鬼酒的酒，加之那段时间股市上相关股票的换手率比较异常，也不排除有人恶意做空的可能。这又使得“白酒塑化剂事件”蒙上了一层罗生门的色彩。

此后，“白酒塑化剂事件”继续发酵。2012年12月，新浪微博博客达人“水晶皇”自称将自己从香港买的53度飞天茅台酒送检，检测报告显示，其中的塑化剂（DEHP）超标1.4倍，一时之间，号称国酒、天下无人不知的茅台酒也陷入大众的怀疑之中。茅台官方随后表示，其生产过程中不添加任何外加物质，公司所有原辅材料、与酒接触器具和产品均符合国家标准，并怀疑送检茅台酒为假酒。其潜台词仍然是暗示有人在做空茅台。

到了2013年1月，又有一位网名为“地面静风”的网友在雪球平台发文称，受朋友所托，在美国送检了三瓶茅台酒，其中一瓶53度飞天茅台的塑化剂（DEHP）超标，另外两瓶则低于国家规定的塑化剂最大残留值。受此消息影响，贵州茅台股价大跌5.58%，一天内蒸发掉109亿元市值。随后，有网友爆料，说这个“地面静风”和雪球平台上的“大道”有过互动，而人人都知道雪球平台上的“大道”就是段永平，所以有理由怀疑“地面静风”就是段永平的马甲号，而段永平也可能在参与做空茅台。

一向强调“诚实”“本分”的段永平，和那些神秘的送检人不同，他马上站出来承认，确实是他委托朋友去送检茅台酒的，但送检茅台酒不是为了做空茅台，而是想获得一手的准确数据。同时，他还替茅台辩解说，茅台的部分产品出现塑化剂超标的问题可能是受工艺或者环境的影响，如果是为了改善口感而非要加点什么，那30年陈酿茅台酒的数据合格就不太符合常理了。

这种坦荡的态度显然获得了广大网友的认可，同时，他也不隐瞒自己对茅台企业的真实看法。他认为，茅台酒在中国高端白酒中有独特的地位和绝对的优势，无论酿酒工艺、生产周期、酒厂位置等因素，都有不传之秘，而且众所周知，高端白酒不受保质期的限制，时间越久，越值得收藏，价值也越高。所以，茅台酒完全没有作假的动机。另外，正因为茅台酒在中国白酒界的地位崇高，所以，茅台企业牢牢掌握着自己产品的定价权，很多时候，是茅台企业在拼命控制市场上的茅台酒价格，而不是像其他企业那样，希望自己的产品越贵越好，这就保证了茅台企业长久的利润回报，基本不受市场影响，反正永远是供不应求。这也符合段永平以10年、20年的长视角来看待一家企业的习惯。

综合看来，段永平委托朋友送检茅台酒的确不是要制造舆论，做空茅台，反倒更像是一次投资人正常的产品调研行为。以段永平的谨慎性格，在买入贵州茅台这只股票之前，掌握真正的茅台酒产品数据，不受其他匿名人士和突发事件的影响，真是再正常不过了。

于是，从2012年开始，段永平开始陆续入手贵州茅台这只股票，其价格从120元每股到180元每股不等，而贵州茅台的股价虽然短时间内有涨有跌，但总的趋势一直像段永平判断的那样，走在市场前列。数据显示，贵州茅台2012年7月的股价大约为266.08元每股，总市值2727亿元，到2022年6月24日，股价涨到2009.01元每股，总市值增长到25200亿元，10年间，股价涨了655%，市值增长了824%。2019年6月，贵州茅台成为中国股市股改后第一只股价达到千元的股票，2018年1月，贵州茅台市值就突破了万亿元大关，2021年1月，个股股价又突破了2000元。而段永平在这一过程中也获利了10倍以上。

投资界有句话说得好："要做时间的朋友。"段永平投资茅台，就是一个较好的注释。

8 等待与思考

巴菲特和段永平都认为投资是一项漫长的事业，需要以10年、20年的眼光来看待一家企业的成长，但普通投资者往往更在意他们入手、增仓和出手的时机，以及如何快速赚到钱。观察段永平对国内知名网络企业腾讯的投资过程，可以看出他的思路有很多有趣的地方。

深圳市腾讯计算机系统有限公司（以下简称腾讯）是马化腾等5位创始人在1998年11月创立的一家互联网公司，经过20多年的发展，腾讯已经成长为包含社交、支付、娱乐、资讯、工具、平台六大业务板块，十几家分子公司和数百家关联公司的庞大企业集团，旗下拥有的QQ、微信、各类游戏、门户网站和网络工具是中国数亿网民每天都会接触的事物。腾讯控股自2004年6月在香港联合交易所主板上市以来，凭借着内地首家在香港主板上市的互联网企业这一身份和高速增长的业绩，已经成为香港恒生指数的成分股之一。

这样一家优秀企业怎么能逃出段永平的眼睛呢？其实早在2011年，段永平在回答网友提问时就曾坦然承认，自己一直觉得腾讯是一家不错的公司，就是不小心错过了不错的价钱。这里面大概有两层意思：一是腾讯很不错，但是因为股价在持续上升，所以投资成本会比较高；二是段永平当时的投资重点在苹果公司，他更看好苹果公司的成长轨迹。由此看来，自诩“闲人”的段永平在打高尔夫之余，暗中观察、跟踪一下腾讯这类公司，一定是有的。

7年以后的2018年，因国家政策调整，之前网络游戏运营需要的五证，包括网络文化经营许可证、ICP许可证、软件著作权证、游戏运营备案证和游戏出版备案号全部停发待办，导致包括腾讯公司在内的一大批网络游戏运营商的股价全部大受影响。段永平随后表示，自己已经入手了一些腾讯公司的股票，但是用苹果公司股票出手后换来的，至于是否要大规模换手，他还没有想好。

熟悉段氏投资方法的人都知道，段永平在看好一家公司后，往往看准时机就会重仓买入，并不太在意股价一时的涨跌，但在操作腾讯公司的股票时，段永平表现出了极大的耐心。

2018年首次买入腾讯公司的股票后，腾讯控股的股价又开始了一段长达3年的上涨行情，股价上涨一倍有余。段永平在这期间不为所动，并没有大规模出手。

2020年底，中央经济工作会议提出要“强化反垄断和防止资本无序扩张”。2021年3月，国家市场监督管理总局就对互联网领域的10起违法实施经营行为集中做出了行政处罚决定，包括腾讯、百度等10家公司分别被处以50万元罚款。7月，工信部宣布开展为期半年的互联网行业专项整治行动，提出重点整治恶意屏蔽网址链接和干扰其他企业产品或服务运行等问题，包括无正当理由限制其他网址链接的正常访问、实施歧视性屏蔽措施等场景。8月，国家新闻出版署再次暂停了游戏版号发放。11月，国家市场监督管理总局再次通报了43起互联网公司违规案件，对阿里巴巴、腾讯、京东、百度、滴滴及美团等涉案企业，分别处以50万元的顶格处罚。

在这一系列的政策调整下，腾讯控股的股价不断下跌，很多投资人惊呼：“中国互联网公司的冬天来了。”但段永平却从中看到了机会，完美演绎了巴菲特所说“别人恐惧时我贪婪”的做法，开始多批次买入在香港上市的腾讯控股。通过股票期权和其他操作手段，段永平从2021年到2022年初，不下8次增持了腾讯控股，呈现出一种越跌越买的姿态。

其中，2022年上半年，受上海疫情、俄罗斯和乌克兰局势，以及中美关系影响，腾讯控股的股价一路下跌，相比2021年股价高位，下跌幅度一度达到了60%，但就在众人调侃“腾讯”变成了“疼讯”时，段永平依然坚持买入，还不惜卖出巴菲特创建的伯克希尔·哈撒韦公司的股票来换购腾讯控股。

对于这种操作手法，段永平的拥趸反而是熟悉的，虽然敢跟着段永平一起做的投资人不见得有多少，但是替段永平担心的人并不多，毕竟，段永平以往的战绩摆在了那里。也许几年后，段永平对腾讯控股的操作又会成为投资界的一个经典案例。

段永平反复说过，投资股票就是投资公司，要看懂一家公司的盈利模式，才能下手投资。但很多时候，一家公司的盈利模式和经营状况总是起起伏伏有所变化，那么看懂和信任一家公司的掌舵人就成了看懂一家公司的关键。这可以从段永平的另一个投资案例中看出个中细节。

2012年时，著名的美国做空机构浑水公司针对在美国纽约证券交易所上市的新东方教育科技集团有限公司（以下简称新东方），发布报告称，新东方发布的财务报告多处造假，涉嫌欺骗投资人。

消息一出，新东方的股价在两天时间里，从每股20多美元跌到了9美元多，市值蒸发掉20亿美元。美国评级机构高盛银行也表示对新东方失去了信心，直接暂停了对新东方的评级。而当时的新东方自1993年成立以来，已经发展成中国教育培训领域的领头羊，其培训课程、培训人次和学习中心保有量三项均居全国第一，在全国50座城市设立了56所学校、31家书店以及703家学习中心，还是2006年以来，中国大陆第一家在美国上市的教培机构。

但浑水公司调研报告的影响力从来都是非同小可的，这家成立于2010年的专业调查公司，到2020年时，先后做空过16家在美国上市的中概股公司，包括分众传媒、安踏体育、瑞幸咖啡等一众明星企业，而其中9家已经退市。所以，即便有很多人认为浑水公司是在给个别对冲基金制造盈利的机会，但该公司的调研报告本身总是材料翔实、逻辑严密的。

对这种投资场上的大风暴，段永平肯定是要关注的。他后来声称，他花了很长时间，看完了他能找到的所有关于新东方掌舵人俞敏洪的采访记录，得出的结论是，俞敏洪不是那种要故意作恶的人。一个一心作恶的人别说是做教育行业，就是做其他任何行业，也很难做到如此成绩。而对于教育行业，段永平是心存底线的。他在早年的采访记录里就说过，他当年从北京南下广东创业时有过一个打算，那就是如果创业失败，他就去找一所学校教书。而且，段永平还在关于俞敏洪的采访记录里看到，很多离开新东方的人都在发自内心地为新东方说好话，这也从侧面证明，俞敏洪如果是个作恶的人，不可能在所有时间骗过所有的人。

于是，段永平就果断进场，卖了很多看跌期权。果然一段时间后，新东方股价回升，段永平也赚了不少钱。

但这其实只是牛刀小试。9年后的2021年7月，中共中央办公厅、国务院办公厅印发了《关于进一步减轻义务教育阶段学生作业负担和校外培训负担的意见》，要求各地区各部门结合实际认真贯彻落实。同年8月，国务院教育督导委员会办公室印发专门通知，拟对各省“双减”工作落实进度每半月通报一次。11月3日，国家市场监督管理总局等八部门发布《关于做好校外培训广告管控的通知》，坚决杜绝地铁、公交站台等所属广告牌、广告位刊发校外培训广告。

这就是引发教培行业全面地震的“双减”政策发布和落实的具体过程。从国家关爱儿童、规范教育的角度来讲，“双减”政策无可非议，肯定是方向正确、必须落实的良政，但对于整个教培行业和数百万从业者而言，这却是个无比艰难的转身过程。

作为中国教培行业标志性代表的新东方，毫无疑问地在这场大变局中遭受了重创。为了妥善安置没课上的员工，并全额退回已经预缴的各地学员学费，新东方花掉了200亿元左右的现金，没有像有些教培机构那样被人堵上门来讨薪、讨学费，落得个一地鸡毛。但大家虽然认可新东方的体面做法，却依然对教培行业毫无信心。新东方的股价也从最高时的158美元每股跌到了1.2美元每股左右。

这时，曾经认定俞敏洪是条汉子的段永平再次站到了新东方的背后。2021年12月，段永平在自媒体上透露，他已经在前些时候用卖出空头期权的方式入手了新东方的股票。言外之意很明显，就是他不相信新东方会倒下，他相信的是，就算其他教培机构都倒下了，新东方在俞敏洪的带领下也会找到出路。

具有识人之长本就是段永平的一大特色。果然，困境中的新东方展开了一系列自救措施。一方面，俞敏洪在处理完退费和内部员工安置以后，带领新东方剩下的员工开始尝试直播带货，并在几个月里，靠着双语带货、严控品质等手段把“东方甄选”直播间做成了现象级话题，一时吸粉无数。到2020年6月，“东方甄选”直播间的粉丝量突破1700万人，销售额达到3.7亿元人民币，稳居带货榜的头部位置。另一方面，从2020年4月开始，新东方将其在美国的存托凭证[1]与普通股的比率从1股存托凭证代表1股普通股，改为1股存托凭证代表10股普通股。变动生效后，新东方美股股票10股将合为1股，每股股价也随之变成了之前的10倍。

在这些综合手段的作用下，新东方的股价在2022年6月回升到了21美元每股左右，段永平在新东方身上的投资已经开始盈利。而随着新东方的转型成功，相信段永平还会和新东方一起走出一条漂亮的盈利曲线。

其实从2018年中美发生贸易摩擦开始，中国在美国资本市场上上市的企业就开始越来越受影响了，这些中概股企业一方面受到美国方面越来越严苛的政策影响；另一方面受到全球经济形势的影响，整体而言，股价都呈下跌趋势。这些企业有些在积极调整经营策略和方向，寄希望于中美关系尽快缓和；有些准备离开美国股市，转赴中国香港上市。但对于绝大多数投资人而言，他们的观感都是比较悲观的，认为相当长一段时间内，这种局面无法改观。

而段永平的投资眼界并没有收缩，除了腾讯和新东方以外，可以观察到，段永平其实对阿里巴巴和拼多多的股票也增持了不少，在他眼中，这场中概股的危机大概相当于2008年的全球经济危机，正是可以低价入手优质股票的良机。所以，有人曾戏言：这些优秀中概股背后都有段永平的影子。段氏投资法可能又会在几年以后，给众人一个惊人的答案。

---

① 存托凭证（Depository Receipts，DR），又称存券收据或存股证，是指在一国证券市场流通的代表外国公司有价证券的可转让凭证，由存托人签发，以境外证券为基础在境内发行，代表境外基础证券权益的证券。属公司融资业务范畴的金融衍生工具。存托凭证一般代表公司股票，但有时也代表债券。

段永平说投资

◆我看财报主要用于排除公司，也就是说，如果看完财报就不喜欢或看不懂的话，就不看了。决定投进去的原因往往是其他的因素。我比较在意的几个指标是：负债、净现金、现金流、开销合理性、真实利润、扣除商誉的净资产，没了。

（2010年3月3日，网易博客）

◆我认为估值就是个“毛估估”的东西，如果要用到计算器才能算出来的便宜就不够便宜了。

（2010年4月25日，网易博客）

◆未来现金流的折现不是计算公式，是思维方式，不要企图拿计算器去算出来。当然，拿计算器算 下也没什么错。

（2010年5月25日，网易博客）

◆老巴（巴菲特）能做到利用股市，而不是被股市利用，根本的原因是明白股市的机制，放弃了与股市博弈。所以，老巴的投资是以企业的回报（而不是股价）为标尺。目前基金或个人的投资绝大多数是以股价为标尺，谈了很多价值投资，但实质不是老巴讲的投资。

（2012年8月31日，网易博客）

◆价值投资卖的时候和成本是无关的。会卖是师傅的骨子里实际上考虑的是市场价和成本之间的关系，想这么做的人自然是非常关注市场对这个股票的态度，而不是专注在企业的生意上。总而言之，真正理解买卖含义的投资者，买和卖的决定其实难度是差不多的。

（2013年2月1日，网易博客）

◆投资里最难的地方是找不到可以投的充分条件，如果有的话，那电脑就比人脑厉害了。

（2013年3月19日，网易博客）

◆真正的好公司非常非常难找，所以绝不要因为价格有点儿高就卖掉，因为你非常可能错失掉补（买）回来的机会，而且拿着钱其实会增加犯错误的机会。

（2014年8月22日，网易博客）

◆除了某些套利交易，如果我不打算投入我全部财产的10%，就不会投入哪怕一分钱。因为如果我连10%都不愿投入，就说明那不是一个好项目。

（2016年1月12日，网易博客）

◆不知道是不是的就是不是。“老巴2分钟后就能迅速决定这个公司买不买……”两分钟的判断的前提是几十年的思考。

（2018年1月20日，网易博客）

◆如果你买了一只价值低估的股票，你就要等到价格达到你算出来的内在价值时卖掉，这是很难算的。但如果你买了一个伟大的公司，你就坐那儿待着就行了。

（2018年11月17日，雪球网）

◆我投资的标准很简单：商业模式对、企业文化好、价钱合理。

（2019年3月17日，雪球网）

4

第 4 章

慈善篇:

尽心尽力地付出

慈善很难，远超企业经营和投资，需要花大量时间去学习，可是大部分普通人并不能体会到慈善的艰难。相比于经营和投资的收获，进行付出的慈善更需要考虑到方方面面的周全，一旦运用不周，慈善就会成为暴雨天洒下的泉水、酷热中送去的火烛。

段永平知道慈善之难，所以他从不愿过多宣传，只是尽心尽力地付出，这份小心翼翼已经超过了他从事企业经营和投资的洒脱与从容。以段永平的经历尚且如此看重这份艰难，天下人应该都对慈善常怀一种敬畏之心。

1 有钱人的烦恼

《孟子·尽心章句上》有云：“穷则独善其身，达则兼善天下。”这两种境界中，不得志时独善其身，以箪食瓢饮的态度来磨砺自己和看待天下，相对简单，几乎只要自己愿意做、做得到就可以了。但得志显达时想要达济天下就复杂多了，这当中，既要考虑自己的能力范围边界，也要考虑对受众能达到的实际效果，还要考虑社会现实情况，种种因素，绝不是拿着一把钱向门外一撒那般简单。

自近代工业革命以来，社会生产力的高度发达让各国都诞生了一大批掌握惊人财富的富豪群体。他们在事业有成、生活无忧之后，都会产生两个相似的烦恼：一是自己的财富如何能够妥善传给家族后辈，让子子孙孙一直富足；二是聚集在自己身边的财富如何才能不变成负担和诅咒。经过千百年来的实践，尽量做好慈善事业，几乎是这些富豪的共同选择。

全球历史上第一个拥有财富超过10亿美元的美国洛克菲勒家族信奉的就是“财富属于上帝，我们只是管家”的信条。20世纪初，美国扒粪运动中的名著《美孚石油公司史：1872年石油战》虽然对老洛克菲勒的发家史进行了深刻的揭露和口诛笔伐，但是洛克菲勒家族没有恼羞成怒，后来依旧坚持成立了数十家慈善组织，对待慈善事业像商业一样细细耕耘。世人熟知的联合国办公大楼、北京协和医院等，都是洛克菲勒家族的捐赠项目。除此以外，捐赠目标还包括医疗、教育、科研、扶贫和人文研究等众多领域。而洛克菲勒家族的财富和影响力也在享誉世界的慈善事业中，得到了保持和发展。

珠玉在前，自有后人。和老洛克菲勒同一时期的塞奇家族、卡内基家族等也纷纷以“在巨富中死去是种耻辱”的态度，加入慈善事业中来。发展到巴菲特和比尔·盖茨的时代，西方慈善事业已经有了巨大的规模，巴菲特和比尔·盖茨甚至在2010年发起了一项名为“捐赠誓言”的劝募善款活动，号召全球亿万富翁生前或去世后至少要用自己一半的财富来做慈善。截至2013年5月，已经有114位富豪明确表示要加入该项活动。

改革开放之后，中国的慈善事业也有了很大的发展，除了著名的中国红十字会、中国社会福利基金会、中国妇女发展基金会等一些公益慈善组织以外，企业家群体做慈善也日益受到关注。比如，有“玻璃大王”之称的福耀集团创始人曹德旺及其夫人，2011年5月将自己家族持有的3亿股福耀集团股份捐赠给了河仁慈善基金会，捐赠当日股票价值35亿元，开创了中国“股捐”的先河。2017年10月去世的浙江万向集团创始人鲁冠球，成立了一个信托规模足有6亿元的三农扶志基金，在其去世后，仍然发挥着慈善信托的巨大作用。在这些群体中，段永平和妻子刘昕成立的心平公益基金会也是一颗耀眼的明星。

毫无疑问，这些慈善组织和慈善行为可以让整个世界变得更加美好。如今，捐赠人也需要清楚自己的资金走向，运用到他们自己想用的地方。比如，比尔·盖茨和他前妻梅琳达建立的比尔及梅琳达·盖茨基金会就主要致力于促进全球卫生和教育领域的平等，在基金会的强大资金作用下，比尔·盖茨虽然从前是个电脑专家，但现在因为通过基金会资助了很多医疗研究项目，掌握了大量疫苗专利技术，所以在疾病与疫苗领域也有所建树。

其实，富人的大额捐赠除了做善事和扶危济困以外，有些还有其他的目的。比如，如果比尔·盖茨不把资金交给基金会，按照美国法律，在他百年之后，其后人在接受遗产时，就要缴纳约50%的遗产税。而把资金交给基金会，再把基金会交给儿女管理，则无须缴纳任何税款。当然，实际情况并没有这么简单，美国法律对这类基金会也有规定，就是每年必须支出总资产的5%才能免税。所以，如何以正确的方式，合理地花掉这些财富，是一些富豪必须认真考虑的事情。

不妨以段永平定居的美国加州为例，再来说明一下。在加州，个人需要缴纳的联邦税和加州州税，以及年收入超过百万美元的富人税，加起来一般需要缴纳个人收入的45%给政府，就算是长期资本所得，也就是超过了1年的投资收益所得，联邦税可以降到个人收入的15%，加上州税，也需要缴纳个人总收入的25%。但是，如果是把个人的资金或股票捐给慈善机构，则最多只需缴纳2%的税，这里面的差距非常巨大。所以，无论是段永平，还是扎克伯格，都有现实社会环境动力来长期从事慈善事业。

至于有钱人做慈善到底是为自己还是为众人，其实一则小故事就可以说明白。假如在小型社区里住着十一户人家，其中一户是智慧之家，另外十户是普通人家。在长期工作、生活的实践中，这一户智慧之家通过自己的智慧和双手渐渐取得了比其他十户人家越来越大的经济优势，其他十户人家中，由于各种各样的原因，比如疾病或者缺乏知识等，已经有一两户人家逐渐陷入衣不遮体、食不果腹的境地。这个时候，这一户逐渐上升到富豪地位的智慧之家和其他几户能够生存的普通人家无非有两种选择：要么任由这一两户最贫困的家庭继续沉沦下去，直到最后灭亡，而把自己手中多余的钱，用来打造防范这些贫困之家的深宅大院；要么就是把手中多余的钱，拿一部分出来帮助这些贫困之家。

单从经济运行的角度来看，智慧之家完全自主地享受自己的奋斗成果并无不妥，贫困之家也应该承担自己在经济活动中竞争失败的后果。但从整个社区的社会角度而言，情况就不一样了，因为如果任由这一两户贫困之家，或者其后更多在经济运行中落于下风的家庭逐渐沉沦，从长远来看，少数智慧之家的成长土壤也将逐渐遭到破坏和崩解，到了那个时候，整个社区的凋敝和没落也是可以预见的，院墙再高厚的深宅大院也不可能保证智慧之家独善其身。所以，从整个社区的角度来讲，智慧之家努力帮助贫困之家才是真正的智慧之举。社区的人口和经济规模扩大以后，表面上看，好像是给智慧之家增添了经济上的竞争对手，但实际上却是增加了所有人继续上升的可能性，这当中，自然也包括已经取得了领先优势的智慧之家。想通了这个道理，有钱人在做慈善时的谦虚之语也许就不会被看成伪善之言了。

2 早期慈善

段永平是个低调且直率的人，早期在国内做实业的时候，他对力所能及的公益事业就没有拒绝过。

1994年，还在小霸王公司任职的段永平就牵头和中国围棋协会联合举办了“中国围棋霸王战”围棋赛事，作为一个颇有水平的围棋爱好者，段永平的这一举动一点也不奇怪。

到了步步高公司时期，段永平延续了这一做法，且手笔越来越大。1998年4月，步步高公司向中国少年儿童活动中心捐助了总价值15万元的步步高学生电脑和图书。1998年，中国长江、松花江流域发生了历史罕见的大洪水，步步高公司捐款100万元，公司员工另外捐款捐物计现金52970元、衣物1000多件，此举后来还受到了国家民政部和中华工商联合会的表彰。这虽然不完全算是段永平的个人行为，但作为企业负责人，当中所起的拍板和表率作用是毋庸置疑的。

1999年10月，步步高公司冠名赞助了1999年步步高世界杯男子乒乓球赛。2000年3月，步步高公司冠名赞助了2000年全国女足超级联赛。2000年，步步高公司又赞助了“步步高杯”全国电视围棋快棋赛和“步步高杯”全国排球联赛。2001年，则有“步步高无绳电话杯”全国女子排球联赛和“步步高DVD杯”全国男子排球联赛，以及春节联欢晚会等综艺节目的赞助。赞助这些体育赛事和综艺节目除了公益色彩之外，自然也有很强的企业自我宣传意图，但相比于“赤裸裸”的“标王”，大部分公众无疑会以更加柔和的目光看待企业在这方面的花费。

2001年，定居美国后的段永平不再过问国内企业的具体事务，逐渐转身到投资界一展自己的才华，短短几年，大笔的投资收益又源源不断向他涌来。2003年，福布斯富豪榜对段永平的财富估价是10亿美元，国内排名第71。对于这个估价，很多人认为并不准确，因为段永平在国内持有股份的一些公司，比如步步高、OPPO等并不是上市企业，财务无须公开，而他在资本市场投资的一些上市公司，因持有股份不超过5%，也不必向公众披露，所以具体数值很难估计。但不管怎样，从做实业到做投资，段永平的财富在不断增长，是毋庸置疑的。

而对于财富的看法，段永平一向超脱。他曾对采访他的记者说过：“一个人的开销其实很有限，有个房子、有辆车就挺好了，你不需要很多套房子、很多辆车，没有意义。”他对把钱全部留给后代的问题也很清醒，希望将来孩子们能有自己的生活和事业，如果父母的钱全部留给他们，也许会成为他们的负担，让他们缺少奋斗的乐趣。

段永平还曾在自己的博客中引用民族英雄、虎门销烟功臣林则徐的一副对联来表明自己的观点：“子孙若如我，留钱做什么？贤而多财，则损其志；子孙不如我，留钱做什么？愚而多财，益增其过。”段永平认为，做慈善就是拿自己用不着的东西去帮助别人，真的不算什么。更可贵的是，他的妻子，曾经身为摄影记者，奔走在社会底层的刘昕也和段永平持相同的态度，于是，夫妻二人就首先在美国创建起了他们自己的家族基金会。

家族基金会和家族信托是近代富人财富规划和传承的两个基本形式。相比而言，家族信托一般有时间年限和一些附加条件。比如，香港知名艺人沈殿霞在2008年因病去世前就给自己的独生爱女郑欣宜设立了家族信托，规定除了每月一定额度的生活费以外，需要郑欣宜35岁时才能继承母亲的全部遗产，这一方面是怕女儿少不更事，早早拿到遗产后会随意挥霍；另一方面是担心有人觊觎女儿的财产，纠缠不清。果然，郑欣宜在历经坎坷、能够自立的35岁时，拿到母亲的遗产后，表示非常理解母亲的良苦用心。

家族基金会则具有另外的特点，首先，家族基金会是具有独立法律主体资格的法人，具有基金会章程所赋予的民事权利能力与民事行为能力，而不是像家族信托那样，只是一种管理家族财产和家族事务的合同约定；其次，家族基金会拥有所管理资产的最终所有权，而且家族基金会不同于公司，没有股东，也就自然没有基金会之外的所有者；再次，家族基金会是一个独立的法律实体，只要保持注册状态，就可以永续存在下去，而家族信托具有一定的年限，所管理资产到年限后要么被分配，要么就必须放置到另外一个信托中去；最后，家族基金会是根据成文立法及自身章程设立的，每一个家族基金会都有特定的职责和功能，基金会的全部法律职责要由基金会独立承担，除非基金会的章程有特殊规定，一般不能委托基金会以外的机构承担主要的财产管理职责，也不承担基金会章程规定以外的职责，相对于家族信托而言，权责更加固定，不能轻易改变。

美国历史上的卡内基基金会、洛克菲勒基金会、福特基金会、休利特基金会等，都是运作非常成功的家族基金会。

当然，出于复杂的利益纠葛，或者为了简单省事，富人也可以向他人的家族基金会捐款，共同开展慈善事业。比如，巴菲特就累计向比尔及梅琳达·盖茨基金会捐款超过300亿美元，段永平也曾经通过巴菲特的慈善午宴向格莱德基金会捐款60多万美元。但这些事业有成、深谙社会运行规则的富人，说到底，仍然是希望有一个自己可以掌握的家族基金会。

2005年，段永平和妻子刘昕在美国成立了自己的家族基金会，开始正式践行自己的慈善事业。

2006年9月21日，浙江大学110周年校庆前夕，段永平和网易总裁丁磊一起来到了浙江大学，共同为浙江大学捐资4000万美元，用以支持浙江大学的教育事业。其中，段永平出资3000万美元，丁磊出资1000万美元。这是当时浙江大学也是国内高校接受过的较大的一笔捐款，受到了浙江大学的高度重视，时任校长和党委书记都出席了捐赠仪式。

这次轰动一时的大额捐赠行为也引来了大批的媒体宣传报道，段永平在面对16家新闻媒体的联合采访时曾坦然地说，每一个人都不是上帝，不能解决社会上所有的困苦，他们只是在做他们力所能及的事情，钱多钱少没有本质的区别，1元钱也好，100百元也好，逻辑上没有太大区别，不是捐钱更多就更了不起。

对于媒体记者所言，是不是想在中国校友中引领一下校友捐赠的新风气，段永平也说，他们没有那么伟大，能够做一点就做一点。他们设置配比基金也不是为了引领谁，而是在斯坦福大学受到了这方面的启发。他也思考了很多年，到底应该怎么助力教育事业。谈不上引领，母校正值 110 周年校庆，希望能对浙江大学的建设有帮助。因为捐赠的风气整体上不是靠一天两天、一个人两个人，而是需要很长时间、多人努力才能慢慢做好。

对于助学金，段永平则表示，他上学的那个年代也是有助学金的，只不过都是向国家申请的。他自己也曾经申请过一次，申请的4块钱是为了买杭州到南昌的火车票回家，所以，他也是受过帮助的人。但是国家那么大，不可能帮助到所有的人，所以他们这些有能力的人就要力所能及地出点力。

对于助学金的使用问题，段永平说，他听说很多大学生一、二年级生活费不大够，但让他们去赚钱似乎又过早了一点，一、二年级是打学习基础的时候，他认为自己可以帮助他们。但他也强调，这是助学金，不是扶困基金，因为要鉴定贫困很困难，而且有可能伤害到学生的自尊，所以他并不要求这样做。至于三、四年级的大学生，倒应该自己去想办法。

对于助学金的申请条件，段永平认为，申请这个助学金，第一，家里应该知道，你借了钱又去向父母要钱当然不合适。你家里有钱，或许你父母也愿意你借钱，因为有些人独立性很强，我不管家里有多少钱，我都不要，我愿意自己借自己还。第二，他希望学生是努力学习的，要求不高，要求在班里学习成绩排名前三分之二，补考的门数不能超过一门。如果你是班里最后一名，那表明你在学习上实在不够认真，他不大愿意帮助这样的人。还款的条件也很简单，就是大学毕业以后十年之内连本带息地还，利息按照银行大额存款，这样可以让基金延续下去。他相信绝大多数学生会还，有些人将来有所成就，也会愿意为母校和其他地方捐赠。一个学生只要曾经受到过帮助，或许会觉得这种方式很好，等他有能力的时候应该会愿意再去帮助学弟、学妹。

另外，段永平还想过，直接监督是很困难，而且他相信大多数人的道德。对于监管办法，段永平觉得，如果为了追讨10元钱的借款，反倒要用去20元的追讨费用就没有意义了，所以，他建议用网上监督的办法，如果不还，基金会就在网上公布你的名字，老师、同学、同事都有可能知道这个人借了助学金不还，那他的个人名誉就会有很大损失。同时，段永平认为还必须考虑到一个人的诚信问题，任何人在学校考试中只要有作弊的行为，就决不接受其申请，段永平觉得这也是很重要的事情。

通过这些采访记录，大致可以还原段永平的心路历程，他实在是不希望大额捐款改变他的平常心的心态。

2007年，段永平又以其先父的名义，向其父母曾经工作过的南昌工程学院（原江西水利电力学院）捐资了500万美元，以告慰其父在天之灵。这虽然也是众多富豪的常规动作，但从中也可以看出浙江大学和南昌工程学院在段永平心中的地位。

2008年5月，中国四川省汶川地区发生了震惊世界的特大地震，段永平又迅速向震区捐赠了300万美元。由此可以看出，段永平已经是很认真地看待自己的慈善事业了，不愿在任何需要他出手的时候缺位。

前文也说过，慈善不是仅仅出钱那么简单，在不同的人眼中会有不同的解读。段永平在向浙江大学捐款时，就有记者不怀好意地问：“你为什么给浙江大学捐款，而不给中国人民大学捐款？”毕竟中国人民大学也是段永平曾就读过的学校，段永平直接回道：“关你什么事？”可见，做慈善也是需要智慧和制度安排的，否则就总会处于被动地位，需要随时向他人解释自己的动机。所以，段永平也需要思考如何更长久地和更有效地从事慈善事业。

3 善亦有道

2008年9月，段永平在中国民政部注册登记了心平公益基金会（2016年更名为心和公益基金会），初始资金700万美元。这个基金会的名字来源一目了然，自然是从刘昕和段永平的名字中各取一字，谐音而成。此基金会和中国红十字会等基金会最大的不同是它的私募属性。这就说明该基金会的资金主要是来自段永平家族和他的朋友们，受外界掣肘比较少。

心平公益基金会的宗旨是帮助青少年和儿童享有公平的阅读和学习机会，推动中国教育事业的均衡发展。核心价值观是平等、诚信、廉洁。其中，“平等”侧重于描述基金会与受助人之间的关系。实际上，平等合作、互助互爱也是慈善公益事业最基本的一种精神，包括了捐助人、基金会雇员、志愿者、合作方、受助人等相关组织和个人之间的关系。“诚信”侧重于对基金会、基金会雇员和志愿者的行为和道德要求，既是最低要求，也是最高要求。“廉洁”则是一种纪律约束，也是支撑一个公益品牌的基石，高度透明是纪律得以执行的客观保障，透明才有公信力。

以心平公益基金会为基础平台，段永平的慈善事业进入常规化和正规化的轨道。在段永平的慈善理念中，慈善虽然是一项花钱的事业，但必须花得物有所值，如果花出去10元钱，却只起到1元钱的作用，或者花出去的10元钱反而成为不求上进者一种理所当然的期待，那慈善就走向了它的反面。所以，段永平在向浙江大学捐款之初，就进行了等额配比基金、贷学金和奖教金等不同形式的尝试。

等额配比基金是一种鼓励所有人都来捐资助学的慈善方式。简单来说，即有人在大学教育中投入一笔钱，不管用于哪一方面，等额捐赠基金中就会抽出相同数目的钱，同时投入该大学。限制条件是，基金单笔支出不超过100万美元，时间跨度为10年。段永平2006年捐给浙江大学的3000万美元中，就有1000万美元属于等额配比基金。这种捐款方式保证了助学资金的长期性和广泛性，对其他有意捐赠者也是一种正向鼓励。

段永平在浙江大学设立的贷学金分为自立贷学金和留学贷学金两种。自立贷学金面向的对象是浙江大学在校全日制本科生，以及在校全日制一年级硕士生。用途主要在于帮助申请对象顺利完成学业。额度可在每学年6000元和1万元两个固定档次中自主选择，经审批后，在借款合同中约定。原则上以连续两年申请、审批贷款额度为限。

留学贷学金面向的对象是赴国（境）外名校自费留学的浙江大学应届本科毕业学生和参加学校及院（系）组织的海外交流活动的浙江大学全日制在校本科生或研究生。用途主要在于帮助申请对象实现赴国（境）外留学深造的梦想，用于资助自费留学第一年学费不足部分，或在校生进行海外交流所需费用。额度是在首先满足自立贷学金的基础上，将剩余部分作为留学贷学金的资金，并可累积使用。留学项目根据学生申请及所在学校的学费情况，提供第一年的学费或学费不足部分；海外交流以不超过项目所需资金（包括项目费、国际旅费、基本生活费等）为最高额。具体金额由学校管理委员会审核决定，并在借款合同中约定。

自立贷学金和留学贷学金的资金来源主要是，首先段永平自2007 年起每年捐赠100 万美元，连续捐赠 14 年的资金；其次学生归还的贷学金本金和贷学金使用费，以及贷学金项目基金的利息收益，也可参与循环使用。从等额配比基金和贷学金的使用方法，即可看出段永平的精明之处。如果说，他在经营企业时留下的经营心法可以长久流传，那他的慈善项目也不会是一朝之功。

从2007年到2021年，浙江大学的永平自立贷学金已经延续了29期，惠及数百名浙江大学学子。永平留学贷学金从2010年到2021年，也延续了15期，同样惠及数百名浙江大学留学生。

至于浙江大学永平奖教金[①]，则是段永平于2011年设立，专用于奖励在教育教学事业上做出突出贡献的教师，此奖项设有杰出教学贡献奖、教学贡献奖、教学贡献提名奖三类，用于表彰功底扎实、业务精湛、教学效果卓优、关爱学生成长的优秀教师。从2011年到2021年已评选了9届，其中，永平杰出教学贡献奖，每次评选人数不超过2名，奖金每人100万元；永平教学贡献奖，每次评选人数与永平杰出教学贡献奖评选人数合计6名，奖金每人20万元；永平教学贡献提名奖，每次评选人数为4名，奖金每人10万元。迄今为止，已惠及了数十名浙江大学教师，形成了尊师重道的风气。

为了保证浙江大学的贷学金和奖教金资金有所保障，段永平在2009年再次向浙江大学捐款760余万元。

至于有人挑刺，故意提及的段永平另一所母校中国人民大学，段永平并没有忘记。2010年，段永平就和同是中国人民大学学子的妻子刘昕一起，向中国人民大学捐赠了两笔巨额资金，一笔达3000万美元，另一笔也有350万元。其中，3000万美元的捐款，同样是中国人民大学历史上最大额的个人捐款项目。

---

① 自2015年9月起，浙江大学心平奖教金更名为浙江大学永平奖教金。

而对于向中国人民大学所捐款的使用方法，段永平仍然主要是使用等额配比基金，并采用设立心平自立贷学金和心平留学贷学金的方法。其中，1530万美元用于设立等额配比基金，1000万美元用于设立心平自立贷学金和心平留学贷学金，400万美元捐助新图书馆建设，50万美元捐助新闻学院设立"摄影和视觉传播研究发展基金"，20万美元捐助经济学院设立高鸿业学术奖励基金。这当中，中国人民大学的等额配比基金、自立贷学金与留学贷学金的使用方法基本和浙江大学类似，而新设立的摄影和视觉传播研究发展基金，则是专门用于支持设立中国人民大学摄影与视觉传播研究中心，用于中国人民大学与美国相关高校联合培养新闻摄影或视觉传播研究方向的硕士生和博士生，并设置相应的学术奖学金，以及科研补助专项经费。这显然是段永平的摄影家妻子刘昕专门为母校中国人民大学准备的一份心意。

此后，等额配比基金、自立贷学金与留学贷学金的使用方法，还被段永平夫妇二人的心平公益基金会推广运用到江西师范大学和北京师范大学等一些教育机构中去。

在连续多年多次大手笔的慈善捐赠之后，段永平在慈善界的名声丝毫不亚于他在实业界和投资界的名声。早在2011年，网上流传的大学校友捐赠排行榜中，段永平就以浙江大学和中国人民大学的双料校友，和高达4.47亿元的捐款额度，居于榜单之首。这应该是比在财富排行榜上排首位更大的荣耀。虽然在接受校友捐赠总金额的榜单上，北京大学和清华大学常年轮流排名第一，但网友们也说，有段永平这样的校友在，中国人民大学和浙江大学的受赠排名靠前，也完全是有保障的。

果然，2022年5月，段永平再次捐款1.7亿元，专项支持浙江大学紫金港校区西区公共教学楼宇的建设，而紫金港校区西区建设是浙江大学“十二五”规划、建设的重头戏之一，规划建设用地约2664亩，规划总建筑面积为120余万平方米，全部建成后，将容纳16个学院（系）和约1.5万名研究生和留学生。

其中，段永平捐建的北教学楼已经于2022学年秋冬学期投入使用。规划显示，北教学楼位于紫金港西区观通楼西侧，银泉餐厅正南面共有4幢公共教学楼，建筑面积达40000平方米，开设各类教室及自习室、研讨空间近200个，开放座位达12300个，可以安排数学、物理、化学、地科、材料、化工、高分子、机械8个学院（系）高年级本科课程。

这4幢公共教学楼内，其中88间为讲授型教室，教室内设有教学专线和两块屏幕，可实现4K高清画质，运用线上线下混合式教学模式，可实现跨班、跨校区、跨学校远程互动授课。另有60间为分组讨论型教室，通过移动桌椅可实现按需拼接，另外，小屏联动大屏，可推动师生间、学生间互动。而所有教室的讲台高度均可自由升降，显示器角度可上下左右调节，还提供挂颈式可调节话筒、触控书写屏，黑板灯随投影自动调节，适应不同光线。

其他方面，还有精品课程录播室，堪称教学专业级“影棚”，能够凭着全机位的精良设备和专业团队，录制名师精品课程。而创新教学实践室可通过VR与AR设备，让学生们在虚拟现实中感受未来科技，探索前沿技术与个性化教育的融合。

以上这些教学设备和设施，共同构成了新时代的永平教学楼。

4 香飘万里

除了针对大学校园设施和学生的捐赠以外，心和公益基金会（原名心平公益基金会）还在国内推动了书香校园及儿童阅读推广、0～3岁儿童普惠式早教和大学生及青年公益行动三大公益项目，并于2013年配合中国的乡村振兴活动，发起了“明心桥”计划。

在书香校园及儿童阅读推广行动中，截至2022年，该基金会已经在全国30个省份、490个县区、235个社区中，为4439所学校捐赠了280万册图书，令189万名以上的儿童和11.9万名以上的教师受益。

2012年4月，心和公益基金会向贵州省盘县旧营中学捐赠图书时，学生代表曾对着基金会的工作人员发表感言（节选）：

世界上最美丽的言辞也代表不了行动，请你们看我们的实际行动吧！我们坚信“腹有诗书气自华”。你们的到来，让我们的校园飘满书香，我们要把读书变成一种习惯，要把学习变成一种习惯，积极进取、不断培育理想、开拓创新、志存高远、厚积薄发，做一个文明博学、高尚儒雅的人……

旧营中学校长的感言则是（节选）：

今年的“4·23”世界读书日，学校从心和公益基金会捐赠的图书中，向教师推荐了33部，向学生重点推荐了89部，师生们阅读热情高涨，而且都撰写了读书笔记和阅读体会。图书室内各项规章制度健全、管理到位，学校图书室在推进素质教育中，为全校师生提供了优质服务，发挥了积极作用。尤其是心和公益基金会给我们送来的图书，内容丰富、种类繁多、装帧精美，具有很高的收藏价值和使用价值，可谓镇校之宝。这些图书，不仅充实了我校图书数量，更重要的是通过对这批图书的合理运用，对我校的教育教学工作起到积极的促进作用，为青少年的健康成长提供了精神食粮，具有培养人、教育人、引导人的重要意义。今年以来，在大量精美图书的熏陶下，我校师生阅读兴趣大增，学生写作能力明显提高，在这种情况下，学校团委创建了“湖光风韵”文学社，于2012年4月正式挂牌成立，并吸纳了在文学和写作方面具有特长的17名教师和24名学生作为文学社核心成员，聘有小记者6人，文学社各项工作正在有条不紊地火热进行中。不久，我们的第一期刊物将正式出炉。本学期开学至今，我校已有20篇教师论文在国家正式刊物上公开发表，有20余篇学生作文投向各大型出版社，得到了出版社的一致认可和好评……

2017年4月18—20日，由心和公益基金会和环县教育体育局主办、广东省担当者行动教育发展中心承办的第五届“乡村儿童阅读暨书香校园发展论坛”在甘肃省庆阳市环县举办。本次论坛有来自全国各地的基金会、公益机构、教育局、教研室（研究型机构）、出版社、学校等107家机构及环县当地的教师代表共计150余人参与。“乡村儿童阅读暨书香校园发展论坛”由心和公益基金会发起，每两年举办一次，论坛以心和公益基金会合作伙伴之间的互相分享、交流、学习、合作并促进彼此成长为主要目的。以“儿童阅读为支点，推动乡村基础教育发展”为主题议题，并围绕着“适合乡村儿童的经典、优质图书捐赠进校园”“教育局与儿童阅读公益机构合作，提高乡村小学校园图书配置质量”“儿童阅读和书香校园环境创设的乡村教师培训”等分议题进行。

从以上发言和活动中可以看出受赠学校和学生对获赠图书的渴望和欣喜，以及书香校园活动的重大意义。心和公益基金会捐出的一本本图书犹如涓涓细流，浸润着无数学童的心灵，而这些从书籍中开启的心智，又将为社会带来无限的可能。

在0～3岁儿童普惠式早教的行动中，心和公益基金会在全国各地开展了上万人次的培训活动，使2700多个家庭和3000多名儿童从活动中受益，并培训出养育师90多人。

2021年11月20—22日，心和公益基金会工作人员走访了山东青州和潍坊的“青州微笑阅读项目”和“莱芜微笑阅读馆”。这两处项目以绘本为切入点推广儿童阅读，以故事会为平台打造亲子共读的良好氛围，在短短几年里，就让参加普惠早教项目的儿童接触到海量的图书，取得了良好的早教效果。

2021年底，心和公益基金会工作人员还走访了四川成都龙泉驿区五星社区的千天养育中心亲子园。这里是失地农民的回迁住宅区，很多家庭都是老年人帮忙带娃，对早教的概念比较陌生。亲子园的养育师采用《养育未来：婴幼儿早期发展活动指南》一书的课程，在一对一的养育课中，对婴幼儿照养人的养育行为进行科学指导，同时鼓励家长将玩具和教具借回家使用，并在家中自主带领孩子进行游戏。

通过这些早教活动，心和公益基金会和众多政府部门、非政府组织、学术机构、民间团体一起，共同推广了国务院办公厅于2019年4月印发的《关于促进3岁以下婴幼儿照护服务发展的指导意见》，为参加项目的0～3岁儿童的健康成长、智力发育、好习惯养成打下了坚实的发展基础，在婴幼儿教育与照护方面尤其是普惠性儿童早教方面，发挥出积极作用。

在大学生及青年公益行动中，心和公益基金会在1140所高校中招募了超过3.5万名大学生志愿者，培训大学生志愿者人数达4万人次，然后受训大学生志愿者又在各地乡村学校中组织了1718场乡村夏令营，这些夏令营活动使1230所学校中的10万儿童受益。

通过引导大学生和青年积极参加公益活动，一方面为中国的公益事业发展出大量的志愿者、捐赠人、从业者和创业者；另一方面缓解了当代大学生和青年人普遍面临的精神危机、价值观危机及幸福生活危机，使大学生和青年人获得了一个非竞争性环境，使其能够与真实的社会接触，还能够获得丰富的人际对话的重要土壤，提升了大学生和青年的社会责任感和公益行动力。同时，可以为一部分职业公益人提供专业受训和海外考察的学习机会，发现和培养具有志愿精神、职业精神和创业家精神的青年领袖。

2021年7月，第十一届“未来英才夏令营”志愿者培训活动在福建莆田外国语学校举行。此次夏令营主要是为全国各地各项目中的志愿者创造一次碰面、交流和学习的机会。由心和公益基金会、鹏进家族专项公益基金和未来英才专项基金提供赞助。众多嘉宾和志愿者在夏令营中分享了彼此的志愿者经历和心路历程，也交流和学习了更加先进和符合时代精神的志愿者理念，使中国各地的志愿者更有信心从事未来的志愿者行动。

2021年暑假，心和公益基金会提供赞助的“寻美家乡”夏令营，由12支志愿者团队带领，分别进入甘肃定西、庆阳等地的11所乡村小学和1个村委，与当地孩子一起，开启了一次寻美的旅程。这次夏令营的主题为“寻美家乡”，志愿者带领孩子们分别进行了皮影体验、野外写生、点彩画、制作家乡美食、植物拓染、植物拼贴画、花样彩泥等活动项目，囊括了阅读、科学、美育等课程内容，主要目的就是希望帮助孩子们发现身边和家乡的美好，提升自我认知、表达能力和乡土认同。

除了书香校园及儿童阅读推广、0～3岁儿童普惠式早教和大学生及青年公益行动三大公益项目以外，心和公益基金会还于2013年和OPPO公司创始人陈明永一起，发起了以捐资修建便民桥、助力乡村振兴为目的的“明心桥”计划。“明心”二字具有心和公益基金会和陈明永合作办公益的含义，也可以从佛典中“明心见性”的偈语，表明项目发起人的本分和低调，而且“明心”是“民心”的谐音，表明要让老百姓满意的意思。

从2013年到2022年，“明心桥”计划已经捐赠资金1650万元，竣工并验收合格的7个桥梁工程为：四川达州万源市魏家乡兴昌大桥、四川达州万源市玉带乡南家沟一号桥与二号桥、四川巴中通江县龙凤镇韩家河漫水桥、重庆綦江区篆塘镇盖石铁索桥（重建项目）、四川广元旺苍县三江镇端公潭桥、河北沧州南皮县潞灌乡大商平底渠桥（改建项目）；2个学校建设项目为：四川达州万源市草坝中学运动场及附属设施、四川达州万源市魏家镇学校运动场升级改造项目；正在建设中的5个桥梁项目为：四川广元利州区金洞乡至美大桥、四川宜宾筠连县丰乐乡龙凤村明心桥、四川宜宾筠连县乐义乡乐义沟明心桥、四川巴中南江县关路镇两座便民桥建设项目。

以四川达州万源市魏家乡兴昌大桥工程为例，该项目是心和公益基金会于2013年获悉四川省万源市大巴山区有建设桥梁的需要，便与当地政府及交通部门商议了捐资修桥的金额与方案，并于2015年确定在万源市魏家乡二村与四村交界处的湾滩河上，捐资304.5万元建设兴昌大桥。该大桥设计为公路石拱桥，全长41米，净高30

米，宽度7米。建成后，极大地方便了附近村民的出行。

再以重庆綦江区篆塘镇盖石铁索桥项目为例，该桥始建于20世纪70年代，连接河两岸，方便了沿河百姓。著名影星刘德华2015年主演的电影《失孤》还曾在此取景，让其一度成为游客众多的网红桥。2020年6月22日，因洪水侵袭，老铁索桥毁于一旦，令人惋惜。后经地方交通局和中国扶贫基金会的组织协调，心和公益基金会对该桥重建项目进行了1∶1的配比捐资，也就是在项目总投资的324余万元，心和基金会配比捐赠180万元（其中162万元用于桥梁建设，18万元用于中国扶贫基金会的项目监督管理经费）。2020年9月，该桥重建竣工后，重建碑文上有云：党政为民，一河飞架连心桥；同心同德，干群同书致富篇。

后来，“明心桥”计划不仅局限于修路建桥，还把捐资助力改善边远地区学校的办学条件作为自己的关注内容。毕竟，修桥也好，助学也罢，都是为了改善老百姓的生活状态，所以，“明心桥”计划也顺应民意，扩大了自己的计划。

2016年及2019年，为促进四川省万源市教育事业的发展，心和公益基金会的“明心桥”计划先后捐出100万元用于万源市草坝中学运动场塑胶铺设，80万元用于其附属设施的建设。项目工程主要包括：将水泥硬化运动场变为5～10厘米垫层塑胶运动场，共3150平方米；修缮“井”字形分布排水系统约300米；原艺术墙弯道改直；塑胶场外宽行车道重新硬化；将舞台两侧原青石板清除，用混凝土硬化，等等。

2021年，心和公益基金会“明心桥”计划又捐赠53万元，用于升级改造万源市魏家镇学校的运动场。

除了以上这些具体慈善行动以外，心和公益基金会还资助研究人员专门撰写了《教育公益组织县域模式研究》《中国大学生校园信贷现状调查报告（2019）》《中国儿童阅读领域公益组织行业发展报告（2021版）》等调查报告，为中国公益事业进行现状梳理和理论研究。

比如在《中国大学生校园信贷现状调查报告（2019）》中，调查人员就分别采用问卷调查与深度访谈相结合的方法，对中国大学生校园信贷的现状、问题、趋势以及应对策略进行了调查研究，并对大学生校园信贷的意愿和行为特征进行了总结，发现有借贷经历的学生占到总人数的近五成（48.92%），“交学费”“意外状况导致资金紧张”“解决温饱问题”和“社交、娱乐支出”是学生选择借贷的四个主要原因。借贷金额主要为1000～5000元。信贷信息主要来源于社交软件平台（微信、QQ等）和借贷广告、同学、学校网站、新闻媒体、老师（辅导员）等，并且超过八成的借贷学生（83.85%）在借贷时对未来自己是否能够还清贷款缺乏清晰的认识。这就使部分大学生陷入“套路贷”的陷阱中，造成财产损失、精神伤害、影响个人发展、违法犯罪、危及生命等各种程度不同的危害。同时影响了其他校园合法信贷的声誉。报告还提出了建议：1.在校园信贷的制度设计和管理监督层面，不能“一刀切”，而应采取分类管理、区别对待的方式，既要避免可能的伤害，更要发挥对学生发展的益处。2.政府和高校应当加大对公共利益式校园贷学金项目的投入，将以基本保障为主的贷学金功能拓展为基本保障和多元发展并重的功能，发挥出贷学金在提升学生自立意识、契约精神、情感认同和爱的传递等方面的作用。在此过程中，鼓励社会力量参与项目的资助和运作。3.严厉打击和抵制校园“套路贷”，压缩直至清除其生存空间，在加强监管的同时，做好学生的教育引导工作。4.面对大学里奖学金扎堆的现象、大学生信贷需求的变化及大学生独立意识的增长，未来应鼓励更多的捐款人设立公益贷学金项目，在促进学生们多元发展需求的同时，在提升其契约精神方面发挥积极作用。

这份调查报告在一定程度上梳理了前些年校园信贷的乱象，并提出了解决之道，可谓“授人以渔”和“授人以鱼”双重并举的绝佳例子。

心和公益基金会近些年的善举也被全社会看在眼里、记在心中。2013年，国内唯一由民间公益组织直接评价基金会资助行为的奖项——中国基金会评价榜，又称“金桔奖”，评出了第一届获奖名单，心和公益基金会位列其中。同年，在北京召开的第五届中国非公募基金会发展论坛上，心和公益基金会获得了组委会大奖。而无论金桔奖还是非公募基金会发展论坛，都十分看重非公募基金会花钱的有效性和分工协作性，心和公益基金会获得这两个奖项足以说明段永平是在用心做慈善。此后，2015年，心和公益基金会又获得了第二届金桔奖。2020年，成为第四届金桔奖特别致敬基金会。

由此看来，随着段永平投资收益的不断积累，他在慈善界的作为也将以本分和平常心的姿态，越走越远。

段永平说财富与慈善

◆“子孙若如我，留钱做什么？贤而多财，则损其志；子孙不如我，留钱做什么？愚而多财，益增其过。”拿自己用不着的东西去帮帮人真不算什么。

（2010年3月7日，网易博客）

◆简化一个复杂的问题绝对不是一件容易的事。我的很多“简单”的结论是花了很长时间得出来的，千万别以为我是一眼就看出来了。不过，“平常心”可以帮助人去找到事情的本源。

（2010年3月19日，网易博客）

◆不捐钱的人对捐钱的人说把钱用在刀刃上是件非常不道德的事情。

（2010年3月30日，网易博客）

◆“钱”其实是保健因子，是多了没用、少了不行的东西。

（2011年2月18日，网易博客）

◆单纯的理想主义者走不远，单纯的现实主义者做不大。

（2011年10月1日，网易博客）

◆该帮的忙当然要帮，不帮是不厚道；不该帮的忙帮了是没原则，也是不厚道。有钱人花该花的钱也是对社会做贡献。我自己不浪费、不铺张，但也从不主动省钱，也就是不会为了省钱而不买自己正常需要的东西。

（2012年3月1日，网易博客）

◆所谓的财富自由并不是拥有很多钱，而是不为钱做自己不喜欢的事情。

（2012年7月28日，网易博客）

后　记

Postscript

看清段永平的底线思维

史志传统，生不立传。原因很简单，在一个人盖棺之前，很难对其进行全面评价，而且对于一些复杂人物而言，就算盖棺之后，对其生平事迹的争论也会延续很久，毕竟世事无常，世人见过太多的一时俊杰“眼见他起朱楼，眼见他宴宾客，眼见他楼塌了”[①]。若以段永平为参照系，世人可以发现，在实业领域，一起和他竞争游戏机市场的，除了索尼，能记住的名字并不多；一起和他竞争学习机市场的，留存至今的也不多。而且小霸王公司在失去了段永平之后，很快也失去了明星企业的光环，留在人们印象中的几乎还是1989年到1995年，段永平任职期间赋予小霸王的形象和内涵。一起和他竞争影音产品市场的，爱多、金正、先科等品牌早已是烟消云散，时至今日，已经没有几个人记得爱多曾经是强压了步步高一头的1998年的央视“标王”，也没有几个人记得金正和先科当时的老总是和段永平一起接受媒体采访的重量级人物。

① 出自清代孔尚任的《桃花扇》剧末套曲《哀江南》。

在投资领域，从2001年至今，辉煌闪耀过的人物和机构更是为数众多，其中，“爆雷”或是被迫平仓的则常有耳闻，但是，偏偏号称“随便玩玩”的段永平在投资这条雪道上滚出了越来越大的雪球和声誉。时至今日，能够在投资成绩上和段永平一较高下的恐怕只有段永平口中的“老巴”——巴菲特和其他少数的几个人了。而且，更令人称奇的是，在风云变幻、潮起潮落的投资界，人们认为像雷曼兄弟这样的百年老店破产很正常，但像段永平这样有着自己独特投资哲学的人，反倒不容易出现大错。

在慈善领域，不管国内还是国外，每隔几年都会爆出一些慈善明星的大新闻。比如，有的明星高调公布了自己为某件事捐款多少万美元之后，却从未兑现；有的慈善人士则喜欢在人流簇拥中奔走各地，把一沓沓现金亲自塞到一个个受捐人的手里，再带着他们一起面向媒体的镜头大笑。但是，当这些人烟消云散之后，人们发现心和公益基金会还在逐年坚持做公益，而且各个大学校园里的永平贷学金、永平助学金等项目，也做到了几十期之多。

平常心、稳定、持久，似乎是段永平做事的一大特点，而要理解这个特点，又需要回过头来，从段永平的学习态度和学习方法中去寻找答案。段永平的学习能力其实是无须质疑的，在他上学的那个年代，高等教育还没有放开一说，他能越过千军万马，走过独木桥，先后考上浙江大学和中国人民大学，就足以证明他是个聪明绝顶的人。不过，更可贵的是，他没把这些经历太当回事，不像很多高考状元那样，高考成功之后，就泯然于众人。都说活到老、学到老，但真正做到的没有多少人，而段永平却做到了。上学时，学的是基础知识；做企业时，学的是管理方法；做投资时，学的是投资理念；做慈善时，学的是不忘初心。

那么，在段永平的学习、工作与投资经历之中，有没有一个他认可的底线思维呢？应该是有的，那就是他一直强调的“本分”和“诚实”。

“本分”和“诚实”这两个词语，无人不知、无人不晓，就像我们看日月每天照耀天地一样，这两个词语被人看作再正常不过的两个词语。但是，愿意照着去做的人却未必很多。人们很容易为了一点现实中的利益，就先把本分和诚实放在一边，以为自己可以等到功成名就、事业有成以后，再把本分和诚实捡回来，好好养护。也有人错误地认为，本分和诚实肯定就意味着吃亏和倒霉，自己尚且衣食难求，哪里还有余力去让别人来占自己的便宜。

这样想的人，不妨看看这本《段永平：步步为“赢”》，看看一个以本分和诚实为底线思维的人是怎样把自己的人生雪球越滚越大的，看看所谓无迹可寻的大道理，是怎样变成可以具体操作的阳谋的。

如果有人认为这是对段永平一介凡人的过度褒奖，其实也可以换个角度，想想1949年国共两党的故事。在那个时候，中国国民党坚持认为自己占据兵力、武器、财政、外援等多重优势，所以，一定可以在2～3年内完成戡乱，打败中国共产党。而中国共产党也认为自己有民心支持和党内团结的优势，3～5年内，可以取得国内解放事业的成功。至于谁的妙算更有道理，其实历史早已给了我们答案。

步步为“赢”者，唯本分与诚实耳。即便段永平将来在事业或生活中有所“不平”，只怕也是在这两个基点上未能坚持到底。

作者于2023年春

推荐阅读

一本书读懂汪滔和他的大疆！

书名：汪滔：让梦想飞得更高
作者：高林
书号：978-7-5454-8527-1
定价：55 元
出版日期：2023 年 1 月
出版社：广东经济出版社

完整系统解读董明珠和格力的实力之作！

书名：霸气女皇董明珠：全球最大空调企业格力成长内幕
作者：魏昕　刘云菲
书号：978-7-5454-4588-6
定价：48 元
出版日期：2017 年 10 月
出版社：广东经济出版社

推荐阅读

明明白白合伙，清清楚楚分钱！

书名：合伙制：重新定义企业的组织形式
作者：解银坤
书号：978-7-5454-5402-4
定价：45 元
出版日期：2017 年 6 月
出版社：广东经济出版社

揭秘中国完美创业团队的创业历程！

书名：这才叫合伙创业：从携程、如家到华住的启示（升级版）
作者：高慕
书号：978-7-5454-8314-7
定价：72 元
出版日期：2022 年 5 月
出版社：广东经济出版社

推荐阅读

看穿投资迷雾，练就投资天眼！

书名：解码估值：价值投资必读
作者：考拉看看
书号：978-7-5454-7088-8
定价：48 元
出版日期：2020 年 4 月
出版社：广东经济出版社

擒贼先擒王，选股选龙头！

书名：猎杀龙头股：巧用指标找准买卖点
作者：丁力
书号：978-7-5454-8273-7
定价：58 元
出版日期：2022 年 4 月
出版社：广东经济出版社